大夏书系｜教师专业发展

从教学新手到教学高手

20 课堂教学的 个实用策略

王福强／著

华东师范大学出版社

·上海·

目　录
contents

序言　学习真实发生：课堂教学的基本价值追求　/001

第一章　建立"让学习真实发生"的动力系统

1. 把握一个前提：建立良好关系　/003

2. 寻求一个局面：激发学生兴趣　/015

3. 打牢一个基础：赋予安全属性　/027

4. 抓住一个关键：教师自我迭代　/038

第二章　建立"让学习真实发生"的操作系统

5. 建立一个结构：以目标为导向　/055

6. 抓住一个重点：实现有效自学　/067

7. 突破一个难点：注重有效合作　/078

8. 打通一种联系：巧妙设置情境　/092

9. 达成一种目的：实现有效迁移　/104

10. 追求一种效果：解决具体问题　/116

第三章　建立"让学习真实发生"的支持系统

11. 把握一个利器：用好同伴学习　**/131**

12. 夯实一个基础：建立课堂规则　**/144**

13. 学会一个诀窍：利用错误资源　**/157**

14. 尝试一个做法：调整学习环境　**/169**

15. 延展一个思路：优化讲授方式　**/182**

16. 通晓一项技术：加强刻意训练　**/195**

第四章　建立"让学习真实发生"的反馈系统

17. 强化一个环节：作好交流展示　**/211**

18. 掌握一个手段：进行有效反馈　**/222**

19. 锻炼一种技能：掌握评价艺术　**/235**

20. 发挥一种魔力：巧用语言引导　**/247**

后　记　**/261**

序言　学习真实发生：课堂教学的基本价值追求

从教 30 多年，我的身份从教师、教研员、学校管理人员，到今天的教育咨询与指导者，我对学校观察、思考与解读的视角在持续演进，但有一点从未改变，那便是对课堂的关注，对课堂上学习是否真实发生的探索与实践。从知识的学习，到能力与素养的形成，再到一个完整的人面对真实的挑战，我探究着课堂的本质，寻找着学习真实发生的路径与方法，也在这个过程中更深地理解着教育。

我经常问自己的一句话是：课堂上，学习真的发生了吗？

这样的追问源自我对课堂的迷惑：为什么有些教师的课总是能吸引学生，学生在环环相扣的教学活动中思考循序渐进，探得究竟，而有些教师的课堂却索然无味，学生的注意力很难聚焦在学习上？为什么有些课上，教师、学生和知识三者间总能在不断碰撞中融合交汇，而有些课上，师生始终像两条平行线，从不相交，更没有知识的生成与运用？这背后，一定发生着一些我们所不知道的事情，这是否就是学习发生的密码？

在千万次沉浸于课堂后，我愈发意识到：学习的真实发生，是课堂教学的基本价值追求。

知识经济时代的标志之一，便是知识本身不再稀缺，教育从传统的"教"走向了面向个体的"学"。这意味着，学生面对的是一个个具体的、有待解决的问题，调用已有经验，提取有效信息，形成结构化的知识群落，尝试不同路径解决问题，并把这一过程中的经验与做法沉淀下来，迭代到个人的知识体系中。

这是一个由"激活—体验—构建—反馈"构成的闭环学习过程。

学习的发生需要具体的情境与核心问题。首先是学习者的心理被激活，核心问题像"磁铁"一样促使其大脑自动搜索、梳理、整合相关信息，同时向未知领域拓展。学习的边界被打开，学习者的能量被释放，人的情感、意志、兴趣融为一种学习动力，开始进入体验阶段。"体验式"学习是指学习者沉浸在具体情境与问题中，在学习目标的指引下，在学习任务的落实过程中，完成知识体系的构建与能力、素养的形成。因为有体验，学习者才会对新事物或者新概念有自己的理解；因为有体验，才会暴露出学习者在学习过程中的差异性，教师的针对性指导才能发生；也因为有体验，才会有对成功的总结与对失败的反思，也就有了方法与策略的形成。这些是在"学"的过程中达成的。

当学什么、怎么学、何时学、何地学、跟谁学融为一体的时候，一个靠知识搬运的"教"的时代结束了，一个面向个体的"学"的时代全面开启。这不但意味着学习资源、学习方式、空间环境、教师角色、课堂要素之间的关系面临着重组与重塑，也意味着我们在重新定义着学习的目的——为了一个完整的人的发展。学习不过是通过对知识的探究与运用，在解决真实问题的过程中让人更加完整，更能适应生活。这一切，靠评价引领，靠反馈落实。学习的过程就是一个反馈、反馈、再反馈的过程，其本质就是课堂学习的根本目的——让学习真实发生，构建完整的人。

从"教"到"学"这样一个学习逻辑的改变，将彻底改变学生学习的方式与教师教的方式，进而改变整个学习过程。这注定教师的关注点要发生变化：学习发生的动力源在哪里？课堂上学习资源、目标、路径、评价需要如何重组来服务学习的发生？怎样的课堂组织方式、学习场域、教师角色能够作为支撑？最终，这样一个围绕"学习发生"的过程又将怎样塑造人？

这正是课堂的价值追求与本书创作的要义。

20个课堂教学的实用策略，试图回答的正是这一系列问题。课堂学习是一个完整的系统：第一个是让学习发生的动力系统，这个系统从建立良好关系开始，激发学生兴趣，赋予安全属性，加强教师自我迭代；第二个是以"体验"为核心的让学习真实发生的操作系统，建立一个以目标为导向的课堂结构，抓住实现有效自学的重点，突破有效合作的难点，营造巧妙的情境氛围，实现有效迁移的目的，最后达到解决具体问题的效果；第三个是让学习真实发生的支持系统，用好同伴学习，建立课堂规则，利用错误资源，调整学习环境，优化讲授方式，加强刻意训练；第四个是让学习真实发生的反馈系统，作好交流展示，进行有效反馈，掌握评价艺术，巧用语言引导。这四个系统是对课堂学习活动的梳理，更是教师思考与实践"让学习真实发生"的课堂的抓手，它们彼此独立，却又互相支撑渗透，组成了本书的主要框架。每个部分分为"原理阐述""技术精解""逾越误区""自我评估"四个模块，它们将与教师一同出现在教育现场，一同面对真实的问题，一同构建理想的课堂。

这些策略，无论是我自身的教学探索，还是从教育界的优秀实践中汲取到的灵感，都来自鲜活的课堂现场，来自我孜孜不倦地学习、探究与论证，来自一线教师的积极反馈。我深信，本书内容值得每位教师去关注，因为教学不仅是一种技术，还是生动具体的生活，更是蓬勃独特的生命体验。它通过表达教师的思想、情感和价值观，与学生建立起生命的连接，让课堂真正从"知识伦理"转向"生命伦理"，而这正是教育的真谛。

教师，终归是以自己全部的生活经历、生命体验在教学，终归是以一个真实的人的身份出现在学生面前，参与到学生的生命成长中。我一直坚信，教师才是教育中最大的变量。所以，这些策略并非终点，而是我们共同探讨课堂教学的起点。当你捧起这本书的时候，你不仅仅是一名读者，更是一名理想课堂的建设者，融入自己的理解与智慧，在每一个教育现场去实践、去改变。我们将一起见证学习真实发生的课堂，一起见证那些将共同塑造你我的、清醒的、困惑的、热烈的、静默的教学瞬间。

第一章

建立"让学习真实发生"的动力系统

动力系统是指一系列的非认知因素，包括态度、情感、意志、兴趣等，它们相互影响、相互作用，从而促成积极、投入、深刻的课堂学习局面的过程，其本质是学习者与学习目标的关系。

1. 把握一个前提：建立良好关系

提示

读完本篇，你应该能够回答下列问题：
- 良好的师生关系对学习有什么影响？
- 良好的师生关系具备哪些特征？
- 如何促成良好师生关系的建立？

◎ 原理阐述

在学校管理中，我一直坚持一个主张并将它转化成实践行动：每天早晨，校长与执勤的教师一起站在学校门口，用微笑迎接每一个走进来的学生，并向他们挥手致意；与此同时，班主任则站在教室门口，与每一个孩子击掌、拥抱，开启一天的学习生活。

我之所以坚持这样做，缘于自己一种坚定的教育理解：教育的发生是以"关系"为基础的。在师生交往过程中，关系建立的主要动力来自老师。这样的管理措施很快就见到了实效，老师们也充分享受到了行动的"红利"，学生开始愿意主动走近老师，亲近老师，绕着老师走、唯恐避之而不及的现象越来越少。好的关系就是好的教育，当这样的观点在教师心中真正扎根之后，教师的行为也随之而改变，和学生说话的老师越来越多了，蹲下来、拉着学生的手，互相感知对方温度的现象越来越普遍了，整个校园呈现出温情脉脉的和谐氛围。

人类的一切活动都是在一定的关系中进行的，这种关系制约着人类活动的方向、积极性和有效性。我的这本书将着力探讨影响学生学习的因素，以及那些行之有效的策略。教学活动的有效开展，"让学习真实发生"，同样有着一个重要的前提，即建立良好的师生关系。

当代教育学有一个重要的观点，即教学过程的本质是师生关系的互动过程。因此，教师与学生的关系是教学活动顺利进行的前提，是实现教学目的的决定因素。教师和学生之间的良好关系是教育的结果，也是教育的手段。它对学生的"学习"、教师的"教学"，以及师生的心理和个性发展都具有重要作用。一段良好融洽的师生关系能够有效促进师生之间的教学相长。

这点从我们身边的经验来看，很容易得到验证。那些备受学生尊重和爱戴、师生关系良好的老师，更容易在教学中取得成功。

在中国心理卫生协会第四届学术大会上，北京八中的张凤兰、石秀印和唐燕老师曾公开过他们的一项研究结果：

在期末考试前，他们对所在学校的初一年级 8 个班的学生，进行了"提高学习能力因素"的诊断测验。结果发现，处于良好师生关系之中的学生，其学习成绩整体上要好于处于不良师生关系中的学生。3 位老师强调，这里讲的师生关系，是学生对自己与老师关系的主观判断和情绪体验，师生关系的好与不好，都是学生头脑中的反映。

出现这样的调查结论并不难让人理解。

第一，每个人都有被接受、喜欢和欣赏的心理需求。当处于良好的师生关系之中时，学生会感到对外部环境的胜任，形成健康的心理状态，有足够的自尊和自信，从而以积极的态度学习。反之，学生心理处于不健康的心理状态，自卑、消极，无疑会降低学生的知识加工能力，造成学习成绩低下。

第二，每个人都有渴望安全的心理需求。良好的师生关系使学生处于安全环境下，能够将注意力专注于学习，提高学习效率。不良的师生关系中，学生常常提心吊胆，随时准备应对教师的"威胁"，注意力分散，不能专心学习。

第三，良好的师生关系能创造出良好的课堂纪律。师生关系良好，不仅有利于保持教学活动的有序进行，也有利于调动教师的教学积极性，控制和协调学科内容和教学方法，从而提高教学效果。

可以说，良好的师生关系是促成学生学习行为发生的强大力量。作为学生学校生活的主要接触对象，教师就构成了学生主要接触的外部环境，发挥着极其重要的作用。

通常来说，常见的师生关系有三种类型：

专横式——作风专横，对学生实行严格管制，把学生当作教育的单纯接受者，师生关系极其紧张。

放任式——对学生放任自流，不闻不问，课堂犹如一盘散沙，形成不了统一的价值追求和相应规则。师生之间形同路人，淡漠无情。

民主式——尊重学生的民主权利，与学生共同制订计划，讨论问题，以民主的方式指导和组织教学活动。师生关系轻松、和谐，学习气氛浓厚。

很显然，不同类型的师生关系对学生的发展和成长有着明显的差异。我们不妨对号入座。

这里要特别引用一项国外的研究成果加以说明。澳大利亚墨尔本大学教授哈蒂用严谨的科学研究证明了师生关系的重要性。哈蒂和他的团队从20世纪就开始研究"究竟什么影响了学生的学业成就；影响学业成就，什么因素最有效"的问题。他们用了15年时间，针对数亿名学生，把138个影响学业成就的因素进行了影响力计算并按照大小进行排序，形成了著名的"哈蒂排名"。哈蒂把这些影响因素归类到学生、家庭、学校、教师、课程和教学六个范畴中分别加以比较、阐释和总结。结果发现，教师的影响效应量高达0.49，而学校系统最低，只有0.23。这清晰地向我们传达出这样的信息：教师的力量最强大。哈蒂的这一研究结论被德国《明镜周刊》认为是"回到教育改革的核心"，在英国被称为"发现了教学的圣杯"。

为此，哈蒂将古希腊格言"认识你自己"改成了"认识你的影响力"。他呼吁教师要评估和反省自身对学生的影响力，认识到自己的潜力，并据此作出调整和改进。这提醒我们，要把建立良好关系作为开展良好教学活动的开端，唯有如此，教师和学生才可能在教学过程中真正实现互动和对话，否则，很容易陷入我们并不鲜见的教师"独角戏"课堂，徒劳而无果。

那么，怎样的师生关系才算得上良好的关系呢？我主张要具备以下几个要点：

一是民主平等，相互尊重。这种平等首先表现为人格平等，即师生之间没有上下、高低、尊卑之分。双方拥有同样的交往自由和权利，拥有表达自己思想和意志的机会。老师不是依靠自己的教师身份强制性地迫使学生接受自己的观点，而是与学生共享知识和权利，共同决策与认同。长期以来，传统上的"师道尊严"要求学生无条件地尊敬老师，使得学生尊敬老师处于绝对化、虚伪化、形式化境地。真正的局面应该是，教师要用自身的学识、才华、智慧和人格魅力去征服学生，在学生心中树立良好的形象，让学生从内心接受。这样的师生关系，真诚多于虚伪，亲切多于疏远，温暖多于冷淡，可以避免传统"尊师"的强硬生冷造成的学生对教师的愚尊或疏远。

二是尊师爱生，相互配合。必须强调一点，"尊师"很大程度上源于"爱生"。师生交往中，老师更具主动性，学生虽然很希望与老师建立友好的交往关系，但往往慑于对老师的敬畏，不敢大胆地接近老师，从而造成师生关系的生疏。因此，教师须严格要求学生并公正地对待学生。要尊重学生的个性，尊重学生的行为准则，不把自己的想法强加于学生。要学会将欣赏作为教师与学生和谐相处的助推器，笑一笑，抱一抱，夸一夸，给一个肯定的眼神，竖一个点赞的大拇指，发一条温馨的短信，都会使学生心旷神怡。用好皮格马利翁效应，向学生传递积极的期望，并及时给予肯定，促使学生走在正确的发展方向上。要尽可能避免因为情感和精力无法完全平均分配到每一个学生身上，而单纯以成绩评价学生的做法，使那些成绩不好、爱捣蛋的学生成为课堂里"被遗忘的存在"。这是绝不能容忍的教师行为。

三是共享共创，教学相长。传统的讲授式教育，忽视学生自身的作用，不给学生思考、展示自我的机会，让学生囫囵吞枣，缺乏创新，这是对师生关系的一种曲解。课堂中最好的师生状态是"共享共创"：教师和学生共同体验和分享课堂中的欢乐、成功、失望与不安，它是师生情感交流深化的表现；教师和学生在相互适应的基础上，相互启发，认识不断深化，共同生活的质量不断跃进。共享共创体现了师生关系的动态性和创造性，是师生关系的最高层次。

良好的师生关系是一个纽带，这个纽带正是用师爱来建造的。"没有爱，就没有教育"，只要教师在思想和行动上真正地接近学生，把自己无私的爱全部奉献给学生，那么与学生之间就一定会建立起一种民主、平等、合作的师生关系。

人们常说，"亲其师，信其道"。作为教师，我们应该学会扪心自问：我的学生信任我吗？

◎ 技术精解

做好学生的榜样

学生是通过与身边重要他人的交往实现个体的社会化的。他们往往有意无意地模仿成人的态度或行为，通过他们去了解社会的期望和规范。教师应提高自我修养，健全自我人格，这不但影响教学水平的发挥，在师生关系上，更是决定了学生对教师的态度。事实证明，教师是以其自身的人格魅力来教育和影响学生的，再调皮的学生，对于德高望重、德才兼备的教师也是十分尊敬甚至崇拜的。

叶圣陶先生说："教育工作者的全部工作就是为人师表。"老师不仅是学生的师表，而且是整个社会精神文明的传播者，要恪守师德、严于律己，处处作学生的表率。在教师榜样作用的发挥上，要注意这样几个要点：

- 说到做到，信守诺言。
- 认真对待工作，耐心对待学生。
- 坦荡、自信，能一碗水端平，公平对待学生。
- 幽默风趣。

- 尊重学生的受教育权、隐私权，主动保护学生的合法权利。

学会忍让与退却

英国著名作家狄更斯说："如果不懂妥协和退让，全世界会到处都是你的敌人。"学生是处于成长中的不完善的人，试错是学生成长的重要方式。教师理性对待学生的缺点和错误，必要时选择忍让与退却，不是放弃责任，而是为了寻求最佳的教育时机和教育方式。所谓"冲动是魔鬼"，当一个学生犯了错误的时候，首先影响的是教师的情绪，进而才通过教师影响到整个班级。教师的情绪在一定程度上影响到事态的发展。如果教师动不动就"暴跳如雷""火冒三丈"，不仅无助于事情的处理，也会深深破坏师生的情感。

从某种意义上说，管理和被管理本身就是一对矛盾，有矛盾就必然有分歧。我们要修炼自己，成为优秀的情绪管理者，有耐心，有韧性，千万不要"你死我活"、针尖对麦芒，这样只能两败俱伤。

懂得接纳和倾听

善于倾听学生说话，这本身就是一门了不起的教育艺术。

处理情绪的最好方法是接纳和倾听。这是对对方人格的尊重，是对其心灵丰厚的精神馈赠，是靠近心灵的必由之路。一定要记住："倾听，远比说教更重要！"

这个世界上，最有人缘的，不是会说话的人，而是懂得倾听的人。话多不如话少，话少不如话好。教师要学会用耳朵教育学生。

倾听的要点如下：

- 微笑，面部表情恰当。
- 放下手头工作，避免分心。
- 身体前倾。
- 回应的语调合适。
- 注视学生，目光交流。
- 赞许、认同性地点头。

学会好好说话

无论在什么情况下与学生谈话，哪怕是学生触碰了纪律的红线，甚至捅了"大娄子"，也一定要以沉着镇定、言语文明的形象出现在学生面前。可以严厉批评，但要晓之以理，动之以情，不讽刺，不挖苦，不打击，不进行人格上的侮辱和歧视。要避开众人把犯错学生叫到外面去说。谈话声音不要太大，要给学生解释的机会。那种"大喊大叫"的做法最不可取。

教和学的互动是在师生的交流中产生的，但在班级管理中，教师与学生缺乏交流是普遍现象。很多教师满足于上课来、下课走，极少与学生单独会面，这就丧失了主动与学生交流沟通、建立良好关系的契机。要创造机会多与学生"聊天"，交流的话题要丰富，不能只聊学习和成绩，要聊学生的家庭生活。也可以聊一聊自己的故事，让学生了解你的另一面。可以充分利用候课时间，走近学生，过问一下预习或者上课准备的情况。或者利用作业面批面改的机会，听听学生的想法。要特别注意的是，有的教师只喜欢与个别班干部和优秀学生交流。这是非常不好的习惯，应该加以警惕。

定期组织教学"研讨会"

学生是课堂的主人，他们对教师的教学，往往有自己独到的认识。教师不能自以为是，可以定期组织不同层次的学生进行一些"研讨会""交流会"，问问学生：我这样教可以吗？同学们怎么评价？有哪些地方可以改进？学生往往会给教师带来意想不到的合理化建议。这不仅有助于我们选择更加贴近学生实际的教学策略，提升课堂效率，更重要的是，教师这样"放下身段"向学生求教，还能换来学生的信任和尊重，从而促进师生关系向良好的方向发展。

巧用活动促关系

一般而言，师生交往的时间越多、空间越广、范围越大，越有利于师生间的相互交流、沟通和了解，也就越有利于良好师生关系的建立。如果只把师生交往的范畴局限于常规的课堂教学过程，局限于狭小的教室之内，这种关系建立便不可避免地被窄化。优秀教师总是善于根据学科教学的特性和需要，设计丰富多彩的活动，扩大学生的学习空间，让师生以不同寻常的方式接触、交流，从而打破心灵壁垒，树立彼此的良好形象。

了解学生的世界

互联网有个说法，五年就是一代人。时代发展提速，大大加深了教师与学生之间的代际差异。作为教师，我们要通过与学生交流，了解学生喜欢听什么歌，喜欢什么样的体育活动，平时愿意与什么样的人交往，有哪些"偶像"，对社会事件有什么看法，等等。通过交流，我们能够知晓并尝试理解学生的思想情感和生活追求。这样，教师才不会成为游离于学生心灵的人，才会尽可能避免做出"隔靴搔痒"的事情。了解了学生的思想，师生对话更易同频。

记住说"请""谢谢"

我们可以回想一下，自己在课堂上对学生说过"请""谢谢"吗？还记得上次说是什么时候、为什么而说吗？《教学勇气：漫步教师心灵》一书中这样写道：当我们因需要我们的学生而说"请"，当我们真诚地感谢他们而说"谢谢"，通往共同体的障碍就开始消失，教师和学生就会展开更有共识和意义的深层对话，而学习会奇迹般地、生机勃勃地发生在所有人身上。想要赢得学生对我们的尊重，就要从我们尊重学生、平等对待学生开始。假设我们平时见到学生，热情地和他们打招呼，聊上几句温暖贴心的话，把"请"和"谢谢"这样极富神奇魅力的表达方式变成自然而然的习惯，良好的师生关系必然会在潜移默化间建立。

◎ 逾越误区

《中国教育报》曾经公布过一份调查数据，归纳出损害师生关系的"八大杀手"：偏袒不公，发脾气打骂人，不负责任，古板、端架子，向家长告状，占课拖堂，说话不算数，独裁。这些要引起教师的高度警惕。依照我的经验，在处理师生关系时，教师应该避免以下误区。

过度忠告或建议

学生最不喜欢的教师表现之一是喋喋不休地讲大道理。我们很多老师恰恰很喜欢这种方式，以为只要"为了学生好"，只要讲得对，就可以随心所欲地给学生灌输自己的观点。殊不知，教师如果一而再再而三地给学生提出忠告或建议，特别是不断重复同样的内容，这就等于告诉学生，我不相信你的能力。这种沟通要么会引发学生的反感，形成逆反心理；要么会使学生对教师产生依赖心理，自己索性不再思考，丧失自我选择能力。所以，过度忠告或建议会不断削弱学生的独立判断能力和创造能力，使之养成人云亦云的心态。教师也会因为无法了解学生的思想，走不进学生的内心，从而使关系变得疏远。

运用威胁恐吓方式

有些教师喜欢运用威胁恐吓方式，试图以此让学生变得乖巧、听话。比如，动不动就说，如果你再不改，我就给你家长打电话，让他/她把你领回家。这时候，即使学生迫于忌惮低头认错了，或者不再跟老师顶嘴，也大多是口服心不服。淤积在学生心头的不满，只会给教师将来的工作带来更大的麻烦。因此，教师绝不能凭此而沾沾自喜。无数的事例证明，在这种情况下，大多受到警告与威胁的学生会对教师产生敌意，更加抗拒教师的教育，有时甚至故意作出教师不希望看到的反应：你不是叫家长吗？我就这个样，看你怎么办。学生并不反对教师在自己犯错误时对自己进行批评，他们更在乎的是被公平、有尊严地对待。他们对师生关系的情绪气氛异常敏感，教师采用了不当的威胁恐吓方式，学生不肯接纳，态度消极，甚至产生逆反心理，这样就造成了沟通障碍。

把自己的意见强加于人

因为年龄和阅历的差异，教师很容易在师生交往中拥有强大的心理优势，因为"我走过的桥比你走过的路还长"，往往对学生的观点不屑一顾。一方面，不肯认真倾听学生的表达；另一方面，只要认为其想法不合理、效果不佳，便会立刻打断，把自己的意见强加给学生。教师通常会以"你必须……""你应该……""如果听我的，你就……"等句式表达出来。这是一种微妙的命令，它可以更巧妙地隐藏在貌似有礼貌的、富于逻辑的陈述中。这时候，教师的态度通常非常坚决，一定要学生接受自己的意见。在这种心态的作用下，教师不会给学生发表意见的机会，谈话显得非常简洁和直接。比如，昨天晚上你没有按我的方法去做作业，我的方法比你的合理，你必须按我的做；在这件事上没有任何回旋的余地，你就按照我说的，跟同桌去道歉，别想逃避；等等。这样的交流方式往往带来严重的后果：学生对教师产生防御和抵触心理，强烈地维护自己的立场，拒绝教师的意见，造成沟通障碍。

师生"亲密无间"

有些师生"零距离"接触，它将师生引进了人际交往的"怪圈"，最终导致教师威信丧失，出现学生与教师毫无界限的现象。学生对教师缺乏基本的尊重，言行太过随意，致使教育效果甚微。心理学研究表明，人与人在友好时接近，在对立和关系疏远时保持一段距离，彼此之间才会留下好的印象，才能产生美感。长相厮守、亲密无间，反倒经常引发摩擦和矛盾，师生关系同样如此。因此，师生交往不能忽略一个"度"，亲密并非无间，美好需要距离。

当然，保持适当的距离，绝不是设置心灵上的屏障或戒备防线，而是教育教学调控的需要。师生亲密相处，无可厚非，但必须有"度"：教师既不能离学生太远，太远了难以实现心灵沟通，又不能离学生太近，太近了又会产生"角色混淆"。要做到"亲密随和但不失原则"，可亲可敬又要可畏，切不可与学生"零距离"打成一片。一旦师生之间的神秘感没有了，教师的威信常常也会随之消失。其直接的结果就是，教师说话，学生可以随意不听；教师管理，学生可以随意不服从。这样教育教学调控就会失去作用，最终导致教育教学的失败。

师生"亲密有间"，并不是提倡人为地在师生之间划定一道鸿沟，使学生"望沟兴叹"。教师要从教育者的角度因人、因事、因时进行策略上的调整，必要时可进行角色转变，在保持威信、尊严的前提下，努力打造和谐、宽松的师生关系。

处理策略失当

一些不恰当的教师行为，往往严重影响师生关系，也需要引起我们的高度重视。

- 经常用板擦或教鞭用力敲打讲桌，以此平息教室内的喧闹声，这样会引起学生的反感。
- 因一点小事就生气地离开教室，个别学生幸灾乐祸，大部分学生感到冤屈。
- 轻易在公开场合点名批评学生，学生在同学中被孤立和遭到歧视。
- 在批评学生时翻旧账，用"秋后算总账"的思维来对待学生曾经犯过但已经改正的错误，这容易让学生产生破罐子破摔的心理。
- 在 A 生面前大谈 B 生的不是，造成学生对教师产生抵触甚至反感情绪。
- 把学习成绩作为评判学生的唯一标准，用成绩把学生分成三六九等，区别对待。
- 在学生面前指责甚至诋毁其他教师。
- 与学生谈话时三心二意、心不在焉，让学生感到"老师不尊重我"。
- 经常习惯性拖堂。

你在学校和学生的关系怎么样？你有哪些成功之处，又面临怎样的困惑呢？请根据自己的实际情况，在"是"或"否"后打钩。

1. 你从来没组织过学生的各类座谈活动。（是　　否）

2. 你很少主动找学生聊天。（是　　否）

3. 你叫不全班上学生的姓名。（是　　否）

4. 有些学生让你感到非常无奈和讨厌。（是　　否）

5. 课间的时候，很少有学生主动向你请教问题。（是　　否）

6. 你常常感到学生上课的时候无精打采。（是　　否）

7. 你认为最简单的办法是用课堂纪律压制学生。（是　　否）

8. 你常常希望借助家长的力量来控制学生。（是　　否）

9. 你常常不由自主地拖堂。（是　　否）

10. 你喜欢在课堂上公开点名批评做得不好的学生。（是　　否）

【计分方法】

各题答"是"计 1 分，"否"计 0 分。

你的自我评估得分为 ＿＿＿＿＿ 分。

【评估结果】

师生关系困扰度量表

分值区间	7—10	3—6	0—2
结论	困扰程度极为严重	困扰程度较为严重	困扰程度较小

【自我认定】

我的优势	
我的不足	
我的改进点	

2. 寻求一个局面：激发学生兴趣

读完本篇，你应该能够回答下列问题：

提示

- 为什么"没有兴趣就没有学习"？
- 激发学生学习兴趣有哪些关键策略？
- 兴趣培养中需注意哪些问题？

◎ 原理阐述

谈到学校教育中的难题，我经常会把"学生厌学"排在最前列。曾经有一份全国中小学生学习状况调研，其中的数据非常让人担忧。调查显示，因为喜欢读书而上学的小学生仅占 8.4%，初中生占比 10.7%，高中生仅有 4.3%。可以说，半数以上的中小学生存在不同程度的厌学情绪。

这一点，即使就学校的观察而言，也是清晰可见的：很多学生把学习看成是一种负担，课堂上，要么思想开小差，注意力不集中，要么睡觉，视上课为坐牢；或者马虎草率，几乎不做作业，考试也只满足于把选择题胡乱填完；或者行为散漫，经常旷课、迟到。

需要警惕的是，不要以为厌学是学困生的"专利"。厌学作为一种心理状态，不是特定学生才有的，而是所有学生在某种程度上潜在的共同问题。包括那些名列前茅的学生，他们很可能成绩出色，但依然掩盖不了他们不喜欢学习、厌恶学习的真实状况。

常识告诉我们，学习是人的本能。人生下来就是地球上最爱学习、最会学习的生物。可是为什么会有那么多学生厌学呢？原因可能是复杂的。但学生过重的负担和社会倡导的"苦学观"无疑是重要的诱因。

人们常说，"书山有路勤为径，学海无涯苦作舟"，似乎学习就是一件枯燥无味的事。我们来想一想，逃避痛苦、追求快乐是人的本性，如果把学习当作一件"苦差事"，逃又逃不了，只能硬着头皮去学，压力自然就大了。

现代脑科学研究成果证明，当人情绪紧张时，思维能力迅速下降，接收信息、处理信息、存储信息的效率均会大大降低。相反，当人愉快放松时，大脑思维能力增强，记忆能力提高，学习效率加快。这时人体的内分泌系统会分泌一种神经递质——多巴胺。它能够帮助人重新建立神经组织间的连接，改善大脑机能，使人获得愉悦感。

除了降低学习效率外，"苦学观"还可能损害学生的心理健康，甚至会引发悲剧。如果在搜索引擎中输入"中学生自杀"这个词条，你可以查到120多万条相关信息。某机构的全国调查结果显示：有20.4%的中学生曾想过自杀；在自杀原因中，排在第一位的是"生活没意思"。那么，中学生的主要生活内容是什么呢？是学习！因此，所谓"生活没意思"主要是指学习没意思，也就是厌学。学习太苦了，太无趣了，在这种情况下，即使一名学生"熬"进了大学，他也仍然会因为厌恶学习，而大概率成为平庸之人。

为什么我把学生厌学作为教育的第一难题呢？因为厌学与爱学之间有一个分水岭，它不光是人成才与否的分水岭，也是人生幸福与否乃至人格健康与否的分水岭。如果学生不能充分认识到兴趣的重要性，从厌学的状态中解脱出来，他们的学习很难进入一个良性状态。

古今中外有不少关于兴趣的名言谚语，如"哪里没有兴趣，哪里就没有记忆"（歌德），"兴趣是求知和学习的最大动力"（斯宾塞），"兴趣是创新之源，成功的真正秘诀在于兴趣"（杨振宁），等等。爱因斯坦说，"兴趣是最好的老师"，可谓是表达兴趣重要性最简约、最准确的语言。

科学家丁肇中用 6 年时间读完了别人 10 年的课程，最终发现了"J 粒子"，成为第一位获得诺贝尔奖的华人。记者问他："你如此刻苦读书，不觉得很苦、很累吗？"他回答："不，不，不，一点儿也不，没有任何人强迫我这样做，正相反，我觉得很快活。因为有兴趣，我急于要探索物质世界的奥秘，比如搞物理实验；因为有兴趣，我可以两天两夜，甚至三天三夜待在实验室里，守在仪器旁。我急切地希望发现我要探索的东西。"

其实，丁肇中所讲的这种现象在学生中也有很多体现。有人说学生不喜欢学习是因为学习太累，可我们想想，很多孩子痴迷于网络游戏，在电脑前可以坐上一天一夜，不吃不喝，难道不苦、不累吗？可学生为什么能坚持且乐此不疲？原因就是他们对网络游戏有浓厚的兴趣。同样，学生只有在学习过程中感到"有意思"，才有可能真正喜欢上学习。

学校之所以越来越关注学生学习兴趣的问题，是因为大家越来越意识到学生求知兴趣的有无和大小，直接关系到教学效果的高低，也关系到青少年的身心健康与否。有人这样论述"兴趣"的价值所在：

从教育学角度讲，兴趣是直接影响知识掌握和学业成绩的要素，是发展智力和提高能力的关键，是进行思想政治和品德教育的良好时机，也是努力学习、深度学习、创新学习乃至终身学习的基础。从心理学角度看，兴趣是求知的内在动力，是快乐学习的源泉，是维持注意的保证。总之，有了兴趣，就能够激活学生整个心理活动，使其知情意行协调一致，学习就好像"插上翅膀飞了起来"，甚至有"化腐朽为神奇"的魔力。

必须明确的是，兴趣并不全是天生的，很大程度上还依赖于后天的培养。其中有个关键，作为教学的实施者和领导者，教师对学生学习兴趣的发现、引导和养成负有很大责任。正如孙云晓老师所言：一个好教师的最大魅力在哪里呢？不仅仅在于知识渊博，也不仅仅在于品德高尚，而在于引导学生进入乐学的境界。

因此，如果发现学生对你所任教的学科没有丝毫兴趣，你是否想过自己应该承担什么样的责任？接下来，该怎么做呢？

◎ 技术精解

率先垂范：做学生成长的风向标

俞敏洪说：老师要鼓励全班最后 10 名学生，在后面推他们一把，寻找他们身上的优点，激发他们对生命的热爱。对教师而言，最重要的是培养孩子充满诗意、热爱生命的精神，培养孩子不管遇到什么艰难挫折都对未来有信心的勇气，培养孩子热爱读书的学习习惯，让孩子在你的课堂上，感受到有尊严的生命状态。这就是教育最重要的内容。

我在学校时，带队伍有个"保留节目"，即每一位调入学校的老师都至少参加一次主题论坛"我的老师"，讲一讲求学历程中对自己产生深刻影响的老师。那些让人感恩或愤懑的成长故事，一次次证明着教师的价值：老师的一句话可能会改变一个孩子一生的命运，老师细微之处的关爱可能会让一个孩子迷途知返，老师一个鼓励的眼神可能会让学生充满前行的力量。

车尔尼雪夫斯基说："要把学生造就成一种什么人，自己就应当是什么人。"

教师具有率先垂范的作用，最重要的是成为终身学习的人。要不断提升自己，用爱去唤醒学生对学习的热情和信心，用先进的教学手段和教育理念去激发学生的学习兴趣，用人格魅力去影响学生的言行和激发学生对理想的追求。一个不断更新自己、处于进取状态的人，会保持清新自然的精神面貌。在这样的老师的引领下，学生不仅会"亲其师，信其道"，更会明白学习的意义，学习的内驱力就会产生，变被动学习为主动学习，这样的学习才是真学习。

充满热爱：做任教学科的钟情者

我做语文老师时，常常在学生晨读的时候，手捧一本自己喜欢的书，混杂在学生的读书声中忘情地朗诵，或者把自己刚刚写好的散文、诗歌津津有味地读给学生听，陶醉于满教室学生向我投来"崇拜"的眼神。我并非为了向学生炫耀自己的水平，而是期望学生透过我的行为，体味到我要教给大家的"语文"，给他们的老师带来了多么精彩的生命状态。

事实证明，很多学生之所以对一门学科不感兴趣甚至厌恶，许多情况下是因为教师对任教学科兴趣的缺失。一方面，教师缺乏教学兴趣，难以自觉地、深刻地体会教学的价值、意义，对教学工作消极应付，这样的课堂自然不会得到学生的青睐；另一方面，教师缺乏专业兴趣，很多教师不是求学时的优秀学生，在自己的学生阶段就没有形成对学科知识的真正兴趣，而工作后的功利思想和职业倦怠又很普遍，自然无法靠自己去感染学生。假如一名语文老师在引导学生阅读欣赏文本的时候，本身就不能被文本所打动，又何以打动学生？口口声声要求学生朗读时"有感情"，可自己范读起来却枯燥乏味，这样的课堂如何能激发学生的学习兴趣？

苏霍姆林斯基说过："滋养儿童对知识的热爱的第一个源泉，就是教师"，"要让学生把你教的学科看作是最感兴趣的学科，让尽量多的少年像向往幸福一样幻想着在你所教的这门学科领域里有所创造，做到这一点是你应当引以为荣的事"。

兴趣才能激发兴趣。可以说，教师的最大失败是学生对你所教的学科没有兴趣，教师的最大悲哀是把一个对这门学科有兴趣的孩子弄得没了兴趣。顾明远先生说过，"没有爱就没有教育，没有兴趣就没有学习，这是我的教育信条"。这句话一语双关，既表明了兴趣是学习真正发生的关键，而且说明，学生兴趣的发生，与教师的兴趣密切相关。

假定天赋：做赏识学生的有心人

在学生发展问题上，人们常常为"天赋论"所困，似乎一个人如果没有具备某方面的与生俱来的"天赋"，后天无论多努力也没有用。这样的论调误导了不少学生和老师，让学生还没"真正开始"就"宣告放弃"了，让老师可以心安理得地接受现实：不是我教得不好，是他的确没有天赋。

实际上，一个人拥有一般水平的天分，朝着正确的方向努力，照样可以成为某个领域的专家。

诺贝尔物理学奖得主费曼的智商是120，但他找到了适合自己的学习方法并不断坚持，持续努力，在物理学上成就卓著，获得了许多智商更高的学者都无法企及的成果。作家马尔科姆·格拉德威尔在《异类》一书中提出了"一万小时定律"：人们眼中的天才并非天资超人一等，而是付出了大量的努力，其成功背后，至少在该领域投注了一万个小时。

教师不妨运用这样一个重要的工具，即"假定天赋说"——如果不能准确判断学生的天赋，我们可以根据自己对学生潜能的判断，给学生预设一个"天赋"的方向，并不断强化。比如，郑重其事地告诉学生：以老师的经验来看，你语言能力这么强，应该具备成为作家的潜力；你的逻辑思维超乎常人，应该能在数学上有所成就；等等。这并非对学生的"欺骗"，而是运用心理学上的"罗森塔尔效应"，发挥期望的作用。正如心理学家威廉·詹姆斯所言：人类本质中最殷切的需要是渴望被赏识。遵循这样的心理特征，用"假定天赋"的方式，教师能唤醒学生的热情，激发学生的兴趣，增强其自信。事实证明，这常常是卓有成效的策略，一旦被教师合理运用，将获得出人意料的良好成效。

分解目标：从小成功走向大成功

很多学生从来没有在成功道路上前行过一步，因为他们认定那是一项"不可能完成的任务"。教师应该有意识地将大任务、大目标分解成若干个小的、容易实现的任务和目标，并逐一引导学生去完成。一旦学生将一个小成功收入囊中，他就可能拥有一个不小的动力，开始相信自己完全能够成功。

教师要试着将某些学习任务分解成若干个子任务，让基础较差的学生回答难度较低的问题，使他们品尝成功的喜悦；让基础好的学生回答综合性强、难度大的问题。这能使不同层次的学生都体验到成功的快乐。教师可以围绕九个字进行操作：

■ "低起点"——教学内容设置以"跳一跳，能摘到"为标准，贪多嚼不烂，过分求高、求大、求多，会带给学生挫败感，教师要按照学生的实际来教学。

■ "小坡度"——教学内容的衔接和过渡，思维跨度不宜过大，应努力体现一环扣一环，保持思维的连续性和流畅性，分散难点，抓住重点，把所学新知识按学生的认识过程划分为几个"坡度"，并且坡度要小，"频率"要高。

■ "分层次"——对优生，可以让学生看书自学，小组讨论，质疑问难，以帮助他们在理解的基础上掌握新知识，发展思维能力；对后进生，主要由教师直接教学，帮助他们复习基础知识，在新旧知识之间"搭桥"，进而引导学生掌握新知识和了解获取知识的思维过程。教师要以不同方式使学生获得成功感。

巧妙引导：用好"正强化"的策略

好学生是夸出来的，但如何表扬和鼓励，却是个大学问。要把关注点放在学生的优点上，放在学生的特点上，放在学生的学习品质上，而不是眼里只有分数和名次。这样的赏识才会形成正强化，引导学生学会肯定自己，进行自我表扬、自我奖赏、自我鼓励。不知不觉中，学生良好的行为习惯和学习品质自然就形成了。

正强化常见的误区是结果强化。学生的成绩好，就表扬他成绩优秀；作业质量不错，那就表扬作业写得出色。这样做是有问题的。正强化的目的是有一个好的开始，并能够坚持下去，或一个闪光点不断地重复带出另外的闪光点，久而久之就养成了习惯，形成了品质。学生考得好，除了夸奖他考得好之外，更要强调为什么考得好，多赞赏他的学习态度、学习方法。比如上课集中注意力听讲，老师布置的作业认真完成，考试之前踏实复习。如果只是强调分数考得高，学生会觉得老师只是满意自己的分数，如果下次考得不够高，是不是就得不到老师的肯定了。分数的不确定性会让学生没有安全感，学生会觉得自己好不好是用分数的高低来评判，但分数并不是自己可以掌控的。写作业也同样如此，如果我们把强化点放在学生规划时间的能力比较强、很专注，且自控力很棒上，那对固化学生的行为，让他们形成良好的学习品质，有着积极的意义。

要特别注意，对学生先天资质的过度表扬容易让他们"迷失"。比如，"你真聪明""你简直就是天才"，容易造成学生对自我能力估计过高，轻视后天的努力，要么盲目"自信"，要么走向另一个极端——"自卑"。对努力的肯定，会让学生意识到这些品质是受人尊重的，是能够让自己变得更优秀的。

课堂"变脸"：突破固步自封的窠臼

生理学原理启示我们：单一重复的刺激，对被刺激对象将产生抑制反抗。课堂教学中，任何一种长久、单调的活动，必定束缚学生的智力发展，使学生厌烦。只有学会不拘一格、不限一法，善于变化，才会真正培养学生的学习兴趣，点燃学生的学习热情。

观察我们的日常课堂，不乏这样的情景：一张"滔滔不绝"的大嘴，一页页呆板机械的PPT，永远都是千篇一律的开场白和结束语，枯燥乏味的练习与测试……一点新鲜感、神秘感都没有，怎么可能对学生产生足够的吸引力？

因此，提醒老师们，每个新学期开始，我们要认真思考下列问题：

■ 在课堂教学中，我要尝试作什么改变？

■ 在教材现有内容的基础上，我是否能够增添一点与现实紧密相连的鲜活案例？

■ 我是否争取每一堂课的导入方式、提问手段，每一本作业的批改形式、批语内容，以及每一次测验的试卷样式、讲评方法，都有那么一点点变化？

喜欢和追求新鲜事物是人们认为的自然而然的事情。作为教师，我们千万不能满足于做一头蒙着眼睛的驴子，在苦熬岁月的同时，也被自己的学生所鄙弃。对教师而言，那无疑是最可悲的。

列入目标：实现目的与手段的统一

可以考虑把"兴趣培养"列入教案，作为教学本身的目标之一。

很多老师虽然注重兴趣培养，但往往只是将兴趣作为教学的一种手段，这时候，"兴趣"成为我们追求教学效益的工具和策略。这使得教师对"兴趣"的理解出现了偏差。当然，利用兴趣作为提高学生分数的手段并没有错，但本着对学生未来负责的精神，更要把兴趣培养作为教学本身的目的来看待。在互联网时代，知识的更新换代速度日益加快，学习的路径日益丰富和多元，教师的知识传递主体地位逐渐下降，这意味着学生要独自学习更多的知识，才能更好地适应这个多变的时代。想要学生拥有不竭的学习热情和动力，必须依靠学生自身对学习的兴趣。因此，培养学生的学习兴趣是教学的重要目的之一。

梁启超先生是中国近代第一个系统、全面地论述"趣味教育"的人。他从趣味主义人生观的角度来谈论教育，将兴趣置于教学过程的重要位置，将兴趣视为学校教育的目的。这个观点对我们形成正确的兴趣教学观有着十分积极的意义。培养哪些兴趣？如何培养兴趣？将这些融入我们的教学内容，与知识教学并重，极具现实价值。

◎ 逾越误区

将制造快乐简单等同于兴趣培养

观察我们的课堂，有些教师特别喜欢使用一些炫目的图片、动听的音乐、精彩的视频等，来丰富课堂教学内容，甚至用插科打诨的语言方式、滑稽夸张的行为举止来吸引学生，认为学生开心、喜欢就意味着对学习有兴趣。

其实，这是对"兴趣"的本质存在误解。兴趣并不单单是对事物的注意，也不是短暂的快乐。真正的兴趣是指个体对某一事物持续地关心、热爱和认同，乐于为此付出时间和精力，它使得学生在学习过程中总是带有一种积极情绪色彩的认知倾向，不满足于知识的表面而想要深入探究和揭示知识的本质，即使遇到挫折或阻碍也会想方设法努力克服。

因此，上述教师的做法被教育家杜威称为"用快乐行贿"。杜威非常反对仅仅靠其他来自外部的事物引起刺激和注意。他认为，这种刺激大多流于感官层面，并未引起学生深层次的思考。表面看起来，快乐的氛围能够减少学生对学习的恐惧心理，有助于学习兴趣的养成，但这种将制造快乐简单等同于兴趣培养的做法却并不可取：一是可能会窄化学生的学习内容，容易导致学生只关注那些快乐的、表面的知识，无法深入学习核心知识，无助于知识体系的形成；二是会剥夺学生历经辛劳、痛苦而成长和成熟的机会，不利于浓厚学习兴趣的形成。

将课堂热闹纷繁作为兴趣呈现的标志

这也是很多教师认识中的一个误区。好像只要在挖空心思设置的形式多样的活动中，如游戏、竞赛、表演、动手操作、实验等，学生倾情投入，精神亢奋，整个课堂呈现"沸腾"状态，就能体现出学生的兴趣盎然。其实，这是对"兴趣"本身的误解。

不可否认，设计合理的活动有助于儿童习得经验、激发学习兴趣。但是，参与活动只是一种体验，并不一定能上升到经验的水平。正如杜威所说，单纯活动，并不构成经验。只有将这些感性、直观的认识进行总结和提炼使其上升为理性的认识之后，学生的能力才能得到提高，体验才能上升为经验。

此外，单一的"活动"也不利于学生的全面发展。比如，过于重视学生的身体活动，让学生体验"从做中学"，这样的方式或许可以让学生提高操作能力、养成动手习惯，但是难以发展学生的抽象思维和想象力等认知方面的能力。从课堂观察来看，许多活动的"热闹"背后，是学生独立思考和深度学习机会的缺失，并不利于学生思维能力的形成和知识体系的构建。更重要的是，儿童参与活动有可能仅仅是觉得活动本身有意思，而不是对活动中蕴含的知识感兴趣，因此并不能通过活动简单转化为对学科本身浓厚的兴趣。

将物质奖励作为激发兴趣的重要法宝

我们经常看到一些老师喜欢用物质奖励学生，买根棒棒糖，发点小礼物，学生似乎也很受用。教师的出发点是好的，但并不代表这样的做法就能起到积极的作用。恰恰相反，我们要警惕，也许你的物质奖励正在一点点蚕食学生对学习的兴趣。

心理学家爱德华·德西曾进行过一次著名的实验，他随机抽调一些学生去单独解一些有趣的智力难题。在实验的第一阶段，抽调的全部学生在解题时都没有奖励；进入第二阶段，学生被分为奖励组和无奖励组，奖励组的学生每完成一个难题，就得到1美元的奖励，而无奖励组的学生仍像原来那样解题，没有奖励；第三阶段，在每个学生想做什么就做什么的自由休息时间里，研究人员继续观察学生是否仍在做题，以此作为判断学生解题兴趣的指标。结果发现，无奖励组有更多的人在休息时间继续解题。这说明：奖励组对解题的兴趣衰减得快，而无奖励组在进入第三阶段后，仍对解题保持了较大的兴趣。

实验证明：当一个人进行一项愉快的活动时，给他提供奖励，结果反而会减少这项活动对他内在的吸引力。这就是所谓的"德西效应"。

"德西效应"给教师以极大的启迪——当学生尚未形成自发内在学习动机时，教师从外界给予激励刺激，以推动学生的学习活动，这种奖励是必要和有效的。但是，如果学习活动本身已经使学生感到很有兴趣，此时再给学生奖励不仅显得多此一举，还有可能适得其反。一味奖励会使学生把奖励看成学习的目的，以致转移学习目标，而只专注于当前的名次和奖品。

因此，教师在课堂教学中以物质奖励所激发出来的学生学习兴趣只能是暂时的，无法长久保持。教师要特别注意正确使用奖励的方法而不滥用，尽可能避免"德西效应"。

自我评估

你的学生学习兴趣怎么样呢？你对学习兴趣怎样理解呢？请根据自己的实际情况，在"是"或"否"后打钩。

1. 你的学生对你的学科兴趣不浓。（是　　否）

2. 你的学生很少就学科方面的知识与你讨论或辩论。（是　　否）

3. 你的学生遇到难题时很少会向你主动求助。（是　　否）

4. 你的学生经常抱怨你留的作业偏多。（是　　否）

5. 你的课堂上很少有学生轻松愉悦的笑声。（是　　否）

6. 你并不是非常钟爱你自己所任教的学科。（是　　否）

7. 你没有把培养学生兴趣作为一个重要课题来实施。（是　　否）

8. 你觉得物质奖励的方式更有利于提高兴趣。（是　　否）

9. 你没有刻意为后进生设置过成功的机会。（是　　否）

10. 你很少主动寻求一些课堂上教法的变化。（是　　否）

【计分方法】

各题答"是"计 1 分，"否"计 0 分。

你的自我评估得分为 _____ 分。

【评估结果】

学生兴趣培养困扰度量表

分值区间	7—10	3—6	0—2
结论	困扰程度极为严重	困扰程度较为严重	困扰程度较小

【自我认定】

我的优势	
我的不足	
我的改进点	

3. 打牢一个基础：赋予安全属性

提示

读完本篇，你应该能够回答下列问题：

- 课堂为何要具备安全属性？
- 获取安全属性可以采取哪些策略？
- 制约"安全属性"达成的误区有哪些？

◎ 原理阐述

听课时，我经常会遗憾地发现，相当一部分教师的课堂没有给予学生足够的"安全感"。在这种课堂上，学生通常表现得紧张焦虑，不太敢表达自己的观点，总是尝试通过"察言观色"，揣摩教师的答案，等待教师的肯定。因此，学生的自学、思考、讨论、分享都在"不安全"的氛围中浮于表面，流于形式，最终狭窄化、趋同化，鲜有个性化的学习成果出现。因为表达被压抑，思想被限制，课堂效果自然可想而知。

美国心理学家罗杰斯认为："成功的教学依赖于一种真诚的理解和信任的师生关系，依赖于一种和谐安全的课堂气氛。"所谓"以人为本"，就是强调关注学生的情绪状态、情感状态和心理需要，从而给学生拓展出更加广阔而自由的学习空间。随着自主、合作、探究学习方式逐渐成为课堂教学的主流形态，学生在学习进程中即时生成的、不确定的学习内容日益增多，学生自主面对的学业任务与真实情境下解决问题的要求也越来越高。在这个背景下，教师能在课堂上为学生创造怎样的适合学习真实发生的心理环境就变得更为重要。

凡是优秀的课堂，一定具备"安全属性"，也就是能在课堂上给学生提供一种稳定的、放松的、愉悦的、积极的、开放的心理环境。主要外在表现为：

- 学生能无所顾忌地发表自己的见解，而不担心被讥讽、被指责、被批评。
- 学生能积极主动地参与自我探究、小组合作、交流分享，而不感觉到紧张、自卑、孤独。
- 学生感到师生、生生关系和谐，没有任何沟通交流的心理障碍。
- 学生时常被尊重、被重视，而没有被伤害、被冷落、被歧视的感觉。
- 学生真切感受到学习的乐趣和生命的意义，而没有痛苦感、乏味感。
- 学生敢于尝试、敢于冒险，不怕失败、无所畏惧。

在这样的情况下，课堂氛围融洽，积极向上，学生的精神生活丰盈，学习能力也更强，更稳定，更有耐力。学生产生了积极情绪，才会愿意探索，才能培养出真正的创新意识和创造力。

从这个角度讲，"安全"的课堂，比"技术""素养"的课堂更有意义。

但现实中的许多课堂，仍然达不到这一点。比如，因紧张而不能集中注意力于当前的学习内容；害怕被轻视、笑话或怀疑而产生影响学习的焦虑情绪；逃避与教师的目光接触；期待又害怕提问、板演；发言时语音变调、表达混乱、结结巴巴；不敢参加学习活动和承担应有的责任；害怕竞争者超越而产生一些自私情绪和行为；等等。诸如此类看似简单的小事情，导致学生在学习过程中出现退缩、回避等行为，从而发展成为影响学生课堂学习质量、个性成长的大问题。

我们必须承认，在任何一所学校、一个班级，都会有一部分学生由于学习基础、自身能力、个人努力程度，甚至家庭背景、身体健康状况等复杂因素的影响，在学习上落后于他人。在我看来，一节课传授的知识再多、再快、再高效，如果有学生存在成绩不理想或个性方面的原因，而处于一种尴尬、羞愧、自卑甚至压抑的学习状态，面对老师的提问面红耳赤、语无伦次、低头不语，或者回答问题时如履薄冰、心惊胆颤的话，这样的课堂绝对算不上安全课堂，也算不上有效率的课堂，更别说什么优秀课堂。

为什么要把"安全"的课堂生态放到这么重要的一个位置来看待呢？由马斯洛的层次需求理论可知，课堂安全是学生在课堂上一种正常的、自然的心理需求。现代脑科学研究也表明，在安全的环境下，人脑能够更有效地吸收信息，快速反应，学生学习的主动性与创造性更加强烈，思维更加活跃，理解与记忆更加准确，学生更加敢说、敢疑、敢问、敢写、敢演。这些无疑都是构成课堂高效的基础和条件。

但我们主张建设安全的课堂生态，不仅仅是为了提高课堂效率，还有着更深层次的教育价值判断。

人活着，都有一种被认同、尊重、理解，以及自我实现的需要。中小学生也不例外，甚至表现得更加强烈。比如，参与到课堂活动中，而不是被"视而不见"；在课堂中的思考被人接纳，而不是惨遭训斥的"大棒"痛击；与同伴交往，而不会被嘲笑……这些是学生的权利，能给予学生生命在场的体验。这种体验，将极大地影响学生的身心健康。在安全环境下成长的人，更宽容，社会交往能力、情感体验以及认知能力都更强。这一切都指向人的生命质量提升，因此，安全课堂本身就具有很高的育人价值和发展意义。

不得不说，应试教育给"安全课堂"生态的构建制造了巨大的阻碍。不少课堂教学演变为一种背离人性的活动。有的课堂完全忽视了教育的生命特性，致力于塑造考试的机器、分数的奴隶、谋生的工具，而不是把学生培养成具有人格魅力、心智健全、个性鲜明、能力全面的人。这样的课堂是不安全的，也是非生态的。这种非生态性已经演变成一种畸形的教育模式，学生个体的差异性被忽略，学生的个性发展遭到压制，原本应该是充满生命气息的精神交流场所却变成可怕的、窒息心灵的"精神地狱"。

雷夫在《第56号教室的奇迹》中提出，不要把害怕当作教育的途径，让"害怕"在教室里消失。这是对课堂安全属性最简洁的表达。读完这本书，我们不得不感慨：第 56 号教室为孩子们打造了一个像家一样温暖的教室，像天堂一样美好的避风港，谁会不喜欢呢？

◎ 技术精解

创造民主和谐的课堂氛围

苏霍姆林斯基说："如果教师不去设法使学生产生情绪高涨、智力振奋的内部状态，那么知识只能引起一种冷漠的态度，而不动感情的脑力劳动只会带来疲劳。"学生只有在师生关系融洽、民主和谐的课堂中，才会把老师看作是良师益友，获得充足的安全感，才能形成高涨的自主学习兴趣和进取精神。

从现代教育科学的角度来看，为了维持正常的教学秩序，赋予教师一定的权威是必要的。但是，当这种权威大到一定的程度时，它又会形成对人的过度压制，而这种过度压制对人的身心发展，尤其是对独立性和创造性的形成，是十分不利的。不少教师满足于学生把自己的话奉为圣旨，不允许学生表达自己真实的想法，满足于用压制的方式换来学生的"不敢越雷池半步"。结果不仅使学生丧失了安全感，也使学生像一个模子铸出来的产品，无创造性，无进取心，无灵动的品质，远远背离了培养学生的初衷。

教师必须从"师道尊严"的圣坛上走下来，走到学生中间去，和学生交朋友：

■ 要以和蔼可亲的表情和温暖轻松的语言同学生交流，要无条件地关注每一个学生，要让学生感受到来自教师的真诚关怀。

■ 要尊重学生的选择，尊重学生的不同见解，尊重学生的个性，坚决不把异见"一棒子打死"。

■ 要及时通过动作、神态、语言等方式，关注到每个人的表现，并给予认可和积极评价。

■ 要营造一种相互请教、相互解答、相互评判的氛围，促成学生之间的相互接纳。

养成认真倾听的良好习惯

大量研究表明，每个人都喜欢和尊重自己谈话的人交流。养成倾听的习惯、掌握倾听的技术，是教师创造课堂安全属性的必由之路。

美国教育家兰本达说："倾听，是一种美德。"叶澜教授说："要学会倾听孩子们的每一个问题，每一句话语，善于捕捉每一个孩子身上的思维火花。"倾听就是专注、耐心、主动、有同理心地听，不仅要听懂学生通过语言、行为所表达出来的信息，还要听出他们在交谈中没有明确表达的、隐含的内容。倾听时，教师应掌握以下要点：

- 当学生发言时，教师要有意识地向前走几步，用和善、专注的目光看着发言者，并不时地点头、微笑，有时需要重述学生言语中的关键词和生成点。
- 对学生的情感动向和课堂状态有细致入微的把握，能从对话中听出不满、厌烦、快乐或喜悦等情感，并作出积极的回应。
- 当学生出现错误时，不要急于打断或纠正，鼓励、支持他继续说出想法和思路，及时分析整合信息，找到问题所在。老师以倾听的方式参与、感悟、引导、等待，帮助学生修正错误。
- 如果学生沉默不语，不要太急于催促学生开口讲话，应允许学生稍作思考，并设法打消学生的思想顾虑和心理恐惧；或引导学生向其他同学寻求帮助，以相对柔和的方式破解学生的尴尬和紧张。
- 对学生发言，要少些主观臆断，在倾听过程中准确理解学生的本来意思，即使教师没给学生什么指点或帮助，认真倾听的行为本身对学生也是一种精神激励。

倾听受教育者的叙说是教师的道德责任，善于倾听是教师重要的基本素养。好的倾听者是平和理解，是不忽视，是不急于评价与建议，是向学生传达一种真诚、肯定和无条件的尊重与接纳，让学生感觉到安全，从而能够更加开放自己的内心，更加坦率地表达真实的想法。

给足学生展示成果的机会

要把"学生展示"作为课堂的重要环节。要为学生提供发表、呈现、演讲的舞台，调动学生的积极性，帮助学生找到自信。教师在展示环节建立学生的安全感，可以从以下细节着手：

■ 学会"示弱"，调动学生主动尝试与担当的潜力，让学生改变一切被教师包办的惰性。在学生展示过程中，教师要努力降低自己的控制欲，把舞台留给学生，尽量减少"下场表演"。

■ 避免"精英式展示"，谨防尖子生的"一言堂"，尽量让小组每个成员都参与到课堂学习之中，挖掘他们的潜力，让他们相互帮扶、共同进步。

■ 要引导学生形成"肯定＋建议"的评价模式，避免一味否定式的评价方式给学生造成过重的心理压力。教师要理解和宽容学生在展示过程中的各种表现，保护学生的积极性，把学生当作成人来尊重。在成人社会交往时不会做的事情，在课堂上也尽量不要做，平等的氛围能够让学生感到安全。

控制课堂的"非正义行为"

课堂上存在的一些非正义行为，也是影响学生安全感的重要因素，教师要敏锐观察，并及时处理。

比如"嘲笑"。学生回答问题出现失误，课堂上有人发出哄笑声，导致学生自尊心受到伤害。有些学生本身不自信，他们喜欢通过批评、数落他人，来获得优越感，进行自我满足；如果在成长过程中受到的批评过多，学生得不到积极的关注与肯定，就容易产生习得性无助，内心失衡，破罐子破摔，甚至攻击他人。教师要多关注那些喜欢嘲笑他人的学生，让他们感受到自己是被看到的，引导他们多去发现别人的优点，必要时可以给学生示范如何去肯定和认可他人，对做得好的学生多肯定、多鼓励。在建立与他人的联系且得到鼓励时，那些喜欢嘲笑他人的习惯慢慢就会消失。

比如"排挤"。班里有学生被孤立、遭排挤，对学生也是一种伤害。教师要作好详细的调查，向同学们了解学生被孤立的原因。如果是被孤立的同学做错了，可以和他沟通大家孤立他的原因，让他改正。学生总体是善良单纯的，相信他改正以后，大家是会接纳他的。在这个过程中，教师的功利之心要淡一点，不要看不起学生、歧视学生，教师的行为直接影响学生受欢迎的程度，要给予被孤立的学生更多的关心、关怀、鼓励。对故意孤立别人的学生要进行批评和教育。同时，教师要有意识地创造机会，增加学生一起参与活动的机会，在这个过程中，让学生增进了解，慢慢消除隔阂。

再比如"告状"。有些学生喜欢课上课下告状，也给学生的安全感带来了困扰。教师可以指导学生养成边界意识：一是语言边界，什么话可说，什么话不可说，有明确的要求；二是身体边界，哪里可以触碰，哪里不可以触碰，也要明确规定；三是向老师反映同学的情况，也应明确要求，即没有造成实质性伤害的行为，不必向老师反映。同时，教会学生处理简单的人际矛盾，要告诉学生，自己能够解决矛盾才是真的优秀。当然，还有一点非常重要，教师不要采用学生"告密"的方式来管理班级。这种班级文化会严重破坏学生的伙伴关系，从而导致不安全感的产生。

改变非生态的座位编排方式

可改变"秧田式"课堂座位编排形式，代之以开放的"月牙型""马蹄型""圆型""环型"或会议型、小组型。通过面对面甚至头靠头、手拉手，师生的思想、言语乃至体态不断放松，可拉近教师与学生、学生与学生之间的距离，消除彼此在心理和空间上的隔阂，促进课堂中多元社会交往活动的形成，让整个课堂成为一个具有生态性的相互依存、平等共生的"学习共同体"。

◎ 逾越误区

学生回答问题后得不到相应的评价

课堂上学生回答问题时，有的教师心不在焉，听完后没有任何表示，不置可否，将学生"晾"在一旁。这样的处理颇为不当，严重的可能就会让学生丧失再次回答问题的勇气。

佐藤学先生在《静悄悄的革命》一书中写道："倾听学生的发言，如果打一形象比喻的话，好比是在和学生玩棒球投球练习。把学生投过来的球准确地接住，投球的学生即便不对你说什么，他的心情也是很愉快的。学生投得很差的球或投偏了的球如果也能被准确地接住的话，学生后来就会奋起投出更好的球来。这样的投球般的快感，我认为应当是教师与学生互动的基本。"

所以，教师应认识到：对学生而言，没有评价比否定性评价更具杀伤力。如果在学生发言时，教师要么忙着板书，要么看着教案，想着接下去的教学任务，对学生的回答不分析、不指正、不评判、不回应，这就如同对学生发过来的棒球充耳不闻、视而不见，缺少接球意识，学生自然会产生不被尊重的心理感受。这种心理的不适感不断发酵，最终就会破坏学生的心理安全感。

因此，在学生发言时，教师必须放下手头的事情，面向学生，认真倾听，努力理解发言者见解中的关键点，并依据学生的情况和自己对所谈问题的理解进行判断和反馈。当学生发言偏离课堂教学内容、思维受阻或观点发生碰撞时，教师应该抓住机会，巧妙地启发，智慧地引导，促使学生思维向纵深处发展。

无论学生的发言是否精彩，教师都要保持足够的敏感度，听完每一句，听清每一句，并予以鼓励、指正、评价、点拨、推动等回应，让学生产生强烈的"被看到"的心理感受。

教师不能很好地控制情绪

教师工作繁忙，压力较大，一旦出现一些诱因，比如学生无理取闹，学校管理让教师受了委屈，和家长发生了不愉快，或者自己身体不舒服，有些个人事项没能很好解决等，都可能造成教师情绪出现一时的波澜起伏。如果情绪化地处理问题，就很容易做出超越教师职业道德规范的行为，给师生带来严重的不安全感。教师要掌握几点控制自我情绪的办法：

■ 学会自我激励。上课前检视自己的情绪，如果感觉到情绪不稳定，就想办法放松一下，让自己的情绪回到平静的状态。

■ 学会冷处理。当学生犯了错误时，别为了过一把瘾或出于报复心理而处罚学生，可以先把犯错误的学生拉到一边，待自己的情绪缓和后再作处理。一切善意的忠告只有在私下告诉学生才最有效，当着别人的面给予教训，往往使学生更多体会到的是羞辱。面对学生一些令人生气的举动，讽刺、嘲笑的语言可能直接伤害到学生的自尊心，更有可能引起双方争执，导致两败俱伤。

■ 学会倾诉。遇到不顺心的事，可以找要好的同事、朋友倾诉。倾诉是一种比较好的宣泄方式，往往能够让爆燃的情绪得到平息。

满足于"学生听话"的课堂

刚走上讲台的年轻教师，经常会受到老教师苦口婆心的提醒：千万别在学生面前露出笑脸，否则，他们会蹬鼻子上脸的，必须让他们怕你，这样你才会成功。

我们的老师为什么要这么做？原因只有一个——期待学生畏惧老师，以便令行禁止，说一不二。在这些老师的认知中，必须把自己打造成一个"高高在上"、凛然不可侵犯的形象，要用一种速成式的"德育模式"，通过制定标准和采取严厉的惩罚措施，达到立竿见影的效果。于是，很多老师把"让学生害怕当作教育的捷径"，制造出种种苛刻的条条框框，采取高压政策，满足于学生在课堂上"乖巧""听话"，万马齐喑。结果，在看似平静的课堂背后，到处是由学生的不满、压抑、悄悄反抗组合成的"暗流涌动"。

雷夫说：这年头，大多数的教室都被一种东西控制着，那就是"害怕"。而第56号教室之所以特别，是因为它缺少了一种东西——害怕。这应该给我们以启迪。如果想打造课堂的安全属性，就必须把刻在教师脑子里的用"害怕"来控制学生的欲念剔除。

雷夫的做法值得我们借鉴：

■ 以信任取代恐惧。

- 做孩子们可靠的肩膀。
- 纪律必须合乎逻辑。
- 你就是榜样。

用过分的竞争破坏课堂安全感

在课堂上引入恰当的竞争机制，既能激发学生的学习兴趣，又能强化学生的思维活动。因此，很多老师会尝试采用竞争手段来组织课堂教学。但竞争需要保持一定的"度"，如果处理不当，也会带来负面效应。比如，处于竞争状态的个体会出现焦虑、情绪紊乱、身心疲劳等问题；比赛中处于下风的小组成员，则容易烦躁不安、意志消沉，对课堂失去兴趣，对比赛失去信心。

教师在小组竞赛过程中，要适当多给暂时落后的一方鼓励，并灵活地给他们一些加分的机会，绝不能对落后的小组进行批评讽刺、打击冷落；要引导学生正确对待成败，认识到失败的价值，从失败中吸取经验，领悟真理；教育学生对自己有清醒、客观的认识，既不骄傲自大，又不妄自菲薄。面对暂时的落后，保持健康的心态，根据自身特点，制定个人目标，脚踏实地，一步一个脚印地朝目标前进。

需要注意的是，教师要将课堂上的竞争定位为有规则约束的、文明的、公平的竞争。千万不能鼓励学生"争强好胜"，甚至上升到"你死我活"的境地。这种对赢的过度追求，很可能会给课堂、给学生带来不可忽视的伤害。

自我评估

在你的课堂上，学生是否具有安全感？你在平时的教学中，采取了哪些有助于形成课堂安全属性的举措呢？请根据自己的实际情况，在"是"或"否"后打钩。

1. 你的学生在课堂上很少主动举手回答问题。（是　　否）

2. 你的学生回答问题时常常声音较小。（是　　否）

3. 你的学生常常在当众发言时神情紧张、表达混乱。（是　　否）

4. 你的学生在课堂上很少与你主动进行眼神交流。（是　　否）

5. 你的学生不太愿意当众展示自己的学习成果或者上台参与表演。（是　　否）

6. 对远离标准答案的观点，你通常不会积极回应。（是　　否）

7. 你的课堂上很少出现学生争论的局面。（是　　否）

8. 你通常会不由自主地提问班里的优秀学生。（是　　否）

9. 学生发言时，你不一定会专心致志地倾听。（是　　否）

10. 你鼓励学生向你打小报告以便做好班级管理。（是　　否）

【计分方法】

各题答"是"计 1 分，"否"计 0 分。

你的自我评估得分为 ＿＿＿＿ 分。

【评估结果】

学生课堂安全感困扰度量表

分值区间	7—10	3—6	0—2
结论	困扰程度极为严重	困扰程度较为严重	困扰程度较小

【自我认定】

我的优势	
我的不足	
我的改进点	

4. 抓住一个关键：教师自我迭代

提示

读完本篇，你应该能够回答下列问题：

- 教师对课堂教学有怎样的影响力？
- 教师自我提升、自我迭代的路径有哪些？
- 你准备如何超越自我？

◎ 原理阐述

既然我们探讨的话题是如何提升课堂上的学习效果，就不得不思考：影响学生学业成就的因素都有哪些？其中什么因素是最重要、影响力最大的？

就这个问题，我曾经在一次教师研训活动中作过专门的调查，结果答案五花八门：有的老师说是智商，这种先天的遗传基因最大限度地铸就了学生的学业潜力；有的老师说是环境，特别是家庭环境，决定着一个学生的走向；也有老师说是学生的习惯，习惯成为至关重要的影响因素……不同观点的背后，折射出教师对"学生"以及"学习特性"的不同认知，也在很大程度上影响着教师教学行为的选择。

国际著名的"哈蒂排名"以实证研究和直观数据的方式回答了人们的困惑：在影响学习的诸多要素中，教师排在了第一位。

这个研究结果，在我们的现实中并不缺乏佐证。我们常常见到这样的现象：某个班级成绩偏弱，大部分学科成绩很差，但偏偏某个教师的课却备受欢迎；某个学生各科成绩都很不理想，学习热情也不高，但就是个别学科"一枝独秀"，让人不可思议。其实，仔细观察，我们不难得出结论，这是因为个别学科教师赢得了学生的认可，因此，学生突破了环境、习惯、基础等障碍，取得了较好的成绩。可以说，是教师的个人魅力影响了最终的学习结果。

研究学生的学习，教师首先要意识到，自己才是影响学生学业发展的最大变量。我们不但可以教给学生知识，还能教给学生思考问题的方法；不但用人格影响学生，还能唤醒学生的情感。教师是启动学生学习动力系统的关键所在。教师的影响主要体现在三个方面。

第一，专业素质对学生的影响。

教师是一个专业性很强的职业，每一位合格的教师，首先必须具备专业教书育人的基本功，拿到具有专业机构考核认定的教师资格证，否则，是不能够从事教育教学工作的。即便赶鸭子上架，他也无法在三尺讲台上立足。教师的专业化集中体现在以下三点：

■ 了解和预见学生的能力——了解学生的思想、态度、兴趣、知识基础、理解能力、学习方法以及学习中存在的问题；理解学生的个性和处境，根据学生细微的迹象体察学生的内心世界；预见教学中学生的困难、发生的问题。

■ 传递信息的能力——用言语和非言语进行表达的能力。学生对知识学习的效果好坏同教师表达的清晰与否关系密切。如果教师讲解不清，容易使学生产生情绪波动，干扰学生的思维，影响对知识的理解，破坏学生的注意力。

■ 组织管理能力——教师应能把学生组织在一个健全的集体之中，成功地调控教育过程，有效地督促学生的学习。教师能否有条理、系统地管理课堂，对学生学习成绩提高与否的影响是明显的。

第二，教师人格对学生的影响。

由于学生群体对于是非的鉴别能力有限，并且在很多情况下对于人与事的看法只依赖于自身的情感反应，自制力不强，所以，一旦某一学科的教师同时拥有和蔼、幽默、平易近人且学识渊博等多种素质特征，就能够轻易得到学生的普遍认同和喜欢，学生因为喜欢这名教师而连带对他所教授的课程产生浓厚兴趣，从而对课程产生偏爱心理，偏科现象也同时产生。

第三，教育风格对学生的影响。

实验表明，不同教育风格的教师，对学生的学习成绩以及综合素质的培养有很大影响。

民主型教师——不以"知识的权威"自居，与学生建立一种平等的师生关系，教师和学生成为求知道路上共同探索前进的平等的志同道合者。在这类教师的引导下，学生努力达到自己的目标，不论教师在与不在，学生都能自主学习。

专制型教师——认为学生在任何时候都需要教师的管理，需要有严格的纪律，很少给予学生表扬。学生对于这类教师普遍持反感态度，往往一开始屈服，时间久了或者压迫过大容易被激怒，学生离开教师的监督就不学习了，师生双方矛盾重重，成绩自然不好。

慈爱型教师——教师管理宽松，对学生行为听之任之，一副"老好人"的样子，表面上受学生喜欢，时间久了就会引发学生反感。这种教师培养出的学生缺乏独立性与自我思考能力，依赖性较强，往往努力方向不明，学习行为随意。

近些年来，我们的教育正在重组与定义，经历着一场前所未有的复杂的转型。比如，教育，由培养合格的劳动者转为培养能终身学习、会解决问题的人；学校，由围墙中的知识提供转为开放空间中学习资源的设计、开发与连接；师生，由单向度的教与学的关系转为学习共同体的共建者……

作为教育关键变量的教师，我们该以怎样的姿态迎接这场挑战？可以说，这是历史发展给每个教育人出的必答题。我认为，能够真正体现出自我生长、自我迭代的教师，应该具备三个特征：

- 洋溢于心的对生活的热爱与对生命的敏感。

- 执着于魂的对教育的探索与创造。
- 充盈于脑的对学习场景的开发与学习设计能力。

毫不夸张地说，优质课堂教学活动的出现，百分之百仰仗教师。不断超越我们自身成长的天花板，坚持"以学习为中心"，把"学习"作为教学中的核心事件加以研究和探讨，掌握课堂教学的关键策略，才有可能真正形成新的课堂教学气象。

唯有如此，才能最终让我们的学生从中受益。这本书的创作初衷，就是希望助推教师实现这一转变。

◎ 技术精解

重塑生命状态与生活方式，做自我驱动、持续探索的人

教育的巨大改变，让教师必须与学生有一个共同的身份：终身学习者。教师本人必须是亲自下场学习的人，否则很难适应教育变化的节奏。

一要有"在现场"的勇气。面对教育的快速变革，教师要成为一个敢于放弃"过去"的好奇者，绝不做教育改革的旁观之人，要永远拥有"在现场"的勇气，去参与，去摸索，去碰撞，去学习，去实践，成为教育前沿的"弄潮儿"。

- 把自己放入"陌生区""不舒适区"，不做"温水中的青蛙"。
- 积极学习新的理念、新的概念，去印证、弥补、修复、碰撞、撕裂，重新构建，完成认知的提升。
- 立足教学现场开展研究，直面真问题，解决真困难，形成真经验。
- 以"做"为研究重点：研究的对象是"做"——对自己的"做"进行研究；研究的过程在于"做"——在自己"做"的过程中进行研究；研究的目的是为了"做"——通过研究让自己"做"得更好。
- 选准课堂教学改革的一个"主题"，持续跟进，做深做透。

二要有"向内求"的自觉。坚持一个观点：我是一切的根源！时刻看见自己，时刻"向内修炼"，由管理和改造他人的冲动，转向认识和修正自己。

我在《我，就是教育》这本书里专门强调了这样的观点：教育，从来不能被降格为简单的技术，没有教师的灵魂在场，没有教师自身不断地完善和提升，没有"人"的完美传递，教育将苍白空洞，甚或走向歧途。学生的眼睛是雪亮的，教师能否做到"向内求"，将给学生带来深刻影响。"向内求"的自觉，主要体现在三点：

- 遇到问题，先找自身原因：不要把责任推给别人，杜绝"甩锅"行为。
- 遇到失误，多揽自身责任：对不起，是我考虑不周到，不怪别人。
- 遇到困难，只谈可变要素：把着力点从"是什么"移开，更多考虑"为什么"、接下来"怎么办"。

三要有"领头羊"的追求。真正尝试超越自我的人，一定是教师群体中处于奔跑状态的人。教师这个职业具有群体生活的特征，一个人优秀不算真正的优秀，能带动一个群体共同成长才是真正的优秀。要努力扩大自己的影响力，不仅要影响学生，也要影响周围的同事。你的品格，你的工作态度，你的工作方法，你的工作业绩，让人震撼和钦佩，你就会成为大家追随与学习的榜样。

- 要敢于"木秀于林"。这样才能在宽广的教育天地里，享受到更多阳光雨露的滋润，而使人生闪耀出璀璨的光辉。
- 要敢于为自己"立言"。要去讲，要去写，才有独立之思想、独立之教育。做默默耕耘的老黄牛固然可贵，做带领一群伙伴走向水草丰茂广阔世界的"领头羊"更值得称道。要把自己的教育思想、教育品牌树立起来，这样我们才能成为领头羊。

拆掉思想中的"墙"，做走出经验主义桎梏的人

托尔斯泰说："每个人都想改变世界，却没有人想改变自己。"面对今天超级复杂的环境变量、多层次的教学关系与场景、受教育者身心的巨大演

变，如果教师还一味地依赖经验，无疑是一种低智的选择。只有用更加开放的思维展开自己与世界的对话，对教育场景的变化与无常持一种高度敬畏的心态，我们才不会抱着所谓的经验不放，而是勇敢地面对新局面、新问题，我们的成长才会拥有更大的环境空间。

第一，做成长型思维的"建设者"。成长型思维，意味着一切都是变化的，它承认天赋的作用，但更看重通过学习和努力提高能力。面对挑战总能跃跃欲试，而成功不过是完成挑战后的结果。这样的教师也会因为失败而沮丧，但是，更重视从失败中总结经验，继续前行。成长型思维将为教师的成长打开一扇新的大门：

■ 相信努力比天赋更重要。不自我设限，不妄自菲薄，人的差距就在于努力程度，不如主动突破，不断成长。

■ 积极面对失败，勇敢挑战。不要因为讲了一堂课不成功，或者一次考试不理想，就觉得天塌了。能够看到失败背后的学习机会和宝贵经验，并将之转化为继续前行的动力和策略。

■ 设定过程目标而非结果目标。我要成骨干教师，我要获得成果奖，我要被校长表扬，这叫结果目标。如果总是把目标定位在这样的层面上，教师会逐步失去热情。过程目标就是和自己赛跑，坚持努力，与更好的自己相遇。我平时喜欢教育写作，最在意的是写出满意的文章，从来不是为了发表或者出版。因为设定的是过程目标，所以更有乐趣，更有收获的喜悦。

第二，做突破舒适区的"学习者"。成长的真相就是从舒适区到学习区的迈进。一个教师如果不断重复自己，满足于待在舒适区，慢慢就会退化。最理想的状态是处于"学习区"，学习具有适度挑战性的东西。一段时间后，"学习区"会慢慢变为"舒适区"，"舒适区"越变越大，一部分的"恐慌区"也会相应变成"学习区"。这就是学习的真相。

成为真正的学习者，可以抓住四个关键：

■ 发现工作中的"伪教育行为"。努力区别工作中的哪些行为虽然习以为常、司空见惯，但却是"伪教育行为"，比如罚抄写、拖堂。通过学习，教师要规避谬误，洞悉哪些事坚决不能做，学习就有了效果。

■ 掌握工作中的"核心型规律"。要致力于掌握教育教学的普遍真理和基本规律，确保一出手就是对的。比如处理学生问题，会有各种各样的方法，但必须尊重孩子的人身权益，了解孩子的实际情况，采取有效的沟通方式，保护孩子的自尊、自信，有利于孩子的长远发展，不能目光短浅，等等。方法千差万别，但万变不离其宗。

■ 建立工作中的"实质性联系"。学习过程中，要时刻将听到的、看到的，与自己的工作紧密相连，并提炼出自己的观点。这个观点可以是赞同，可以是反对，可以是质疑。要时刻将听到的观点与现实产生碰撞，这样的学习才有价值。

■ 突出工作中的"实践性探索"。哪怕是学到了一个小小的方法，也到自己的课堂里尝试一下；哪怕是看到了人家与自己做法的一点不同，也要作出调整，比较一下，看看孰优孰劣。这样才是真正的学习态度，才会让学习为你所用。

第三，做情绪工作者的"新角色"。要重新定义教师的劳动性质：别把自己当作知识的搬运工。教育是世间复杂的高级劳动，教师要成为情绪管理者，让自己的情绪、情感适时地、恰当地发生在正确的对象身上，以影响对方的成长。

成为情绪工作者的关键在于经营良好的关系。好的关系就是好的教育，把建立良好关系作为工作重点，我们就会寻找到职业的更多幸福感。

情绪管理的根基是确立基本价值观。有三个主要观点应该成为教师的共识：

■ 教育就是一个不完美的人带着一群不完美的人走向完美的过程。

■ 每个人心里同时住着一个魔鬼和一个天使，教育的优劣就在于我们能够唤醒谁。

■ 成功是成功之母，反复失败的孩子会越来越差，创造成功的机会，不断积累小成功，从而换来学生未来更大的成功。

第四，做合作型生态的"营造者"。教师专业发展具备"生态取向"，教师"所处环境特别是教师组织环境长期积累下来的文化的影响将会是无孔不入的"，"正是这种文化为教师工作提供了意义、支持与身份认同"。

因此，教师要学会从"单打独斗"到"并肩前行"。实践证明，合作具有非常积极的作用：

■ 从人际关系上来说，合作是一种黏合剂，它能使同事之间的关系融洽，提高工作效率。

■ 从课堂教学上来说，合作又是一种催化剂，它能集中集体的智慧，使我们少走弯路，实现资源共享。

■ 从工作的现实来说，合作是减压器，能使我们在繁重的教学任务中得到解脱，众人拾柴火焰高，解决各自为战不能解决的课题、难题。

■ 从教育的深远意义来说，教师间的良好合作，也为学生提供了示范的样板，诠释了合作的真谛。

大家有共同的、明确的奋斗目标，有责任感，有宽容和理解的心态，相互认同，允许碰撞出"火花"，这样的集体才是一个充满活力的、有上进心的、有希望的集体。集体中的每个成员，才能够健康成长、发展和提升。

把观念转化为可操作的技术，做在行动中解决问题的人

课程改革的实质，是由培养"解答型人才"向"解决型人才"转变。教师不能是眼高手低的人，要有解决现实工作中问题的能力。比如，我们常常面临家校共育中的诸多难题：家长不理解教师，对教师的做法指手画脚，让我们不堪其扰。这时候，不妨扪心自问：我们是家庭教育的高手吗？我们能否给家长提供真正的指导而让家长受益？如果我们的专业水平很低，给不出行之有效的策略，我们何以服人呢？

我在《教育挑战与超越》一书的序言中写道：

不置身事外，不指点江山，教师要有勇气回应一个个真实世界的挑战，面对纷繁复杂的教育困局，以具体鲜活的解决策略和真实的世界过招，这不仅是认知，更是方法。一个能够自我超越的教师不会停留在观念层面与他人争论对错，相反，他会将每一个单摆浮搁的观念转化为一个个可感可知可识可用的"工程学问题"，找到解决路径。

这就是强调教师要成为能够解决真实教育情境中具体问题的人。可以关注三个要点：

■ 彰显角色价值，树立自己的"为"。要相信一点，无论你在学校是什么岗位、什么角色，你都有可为的空间。面对教育的种种问题，你不能视而不见、听而不闻，要敢于"挑重担"，绝不成为"学校里的边缘人"。

■ 发挥自身影响，发出自己的"声"。要学会借助各种机会，如报告、讲座、讲课、沙龙、经验介绍，尽力发出自己的"声音"，表达自己的观点，影响他人的同时，也让自己拥有追问的勇气和力量，在不断朝向真理的过程中，展现自己独有的魅力和价值。

■ 建立成果意识，留下自己的"影"。面对每天都在发生的教育事件，采用"回望"的方式去挖掘，使用"淘沙"的方法去凝练，随时记录点滴的感受，总结成功经验和失败教训，聚沙成塔，集腋成裘，就可能成为别具一格的、富有普适意义的"教学真理"。这时候，我们收获的不仅是教育的智慧，更是生命的光泽。

◎ **逾越误区**

懒于学习，生命不够鲜活

要么过于迷信已有的经验，不愿意打破"固化的自我"，沦为"温水中的青蛙"；要么"坐井观天"，满足于在教育的"小圈子"里兜兜转转，缺乏时代风云与教育变革黏合下的思维广度。结果，固步自封，面目苍白，活力不足。

停止了学习，就等于停止了成长。这么多年持续不断的学习经历告诉我：学习本身是一个自我解惑的过程。我们终其一生，都在追寻自己对学习的认识，而这一过程本身就是学习的价值。找出各种客观理由躲避学习，就等于把自己封闭在所谓的经验的牢笼里，逐渐与这个时代的发展脱节，从而变得面容模糊、精神贫乏。

学习的重要方式之一，就是梳理自我学习实践，积累相关资料。如下清单资料将见证你成长的脚步：

- 重要教案（公开课精心准备的成果留存）
- 课后小结（好的地方，错的地方、原因、改正设想）
- 学生问询的难题集（时间、姓名、题目、解法）
- 重要的批改记录与错题记录（时间与学生情况、前馈经验）
- 试题资料（各类经典试题或稍作改编）
- 摘记笔记（摘记原文、作者与出处）
- 照片与短视频（分类保存）
- 教育随笔（自己的见解和心得，建议以微博或公众号方式记录）
- 小班课笔记（专题化、留空白页并随年删减补充，可贴页）
- 藏书与阅读批注（查找资料方便，一闪即逝的思想记录）

固步自封，视野过于狭窄

这是一个知识迭代与链接的大通融时代。有些教师学习的目的过于功利，一味渴望得到"驯服学生"或"驾驭课堂"的灵丹妙药，一旦达不到这样的效果就觉得索然无味。

教育的发展，决定了教师将不再主要从事单一维度的知识传授，而是情绪工作者、课程设计师、学习组织者。这注定教师工作具有高复杂性、高情感性与高协同性。突破个体局限，成为节点去连接，打破壁垒去整合，以一种相对柔软的方式跟他人合作，成为教师必不可少的关键动作。

一是跨界生长：走出舒适区。教师只有打破学科狭隘的专业壁垒，实现跨界生长，才能在信息化时代立于不败之地。真正的学习，越来越走向跨界，从单一的"对口"学习，走向更加丰富的学习场景。可以尝试如下做法：

- 跨学科听课：摆脱僵化的学科教学思维定式，谋求课堂的创新。
- 跨行业借鉴：汲取企业管理的精髓，转化为学校管理的智慧。
- 跨领域学习：拓展阅读面，拥有超越专业之外的开阔视野。

二是重构边界：链接资源群。要警惕"信息茧房"现象。如果我们只停留在一个"温暖"的圈子里，交相同的朋友，谈相同的观点，停留在相同的思想高度，久而久之，我们的深度思考、丰富想象，极有可能会在不知不觉中被削弱甚至消失。

要能够不断地拓展朋友圈，在跨地域、跨行业、跨文化的朋友那里汲取成长的灵感或创新的火花，而不是拘泥于自己的小圈子，自以为是，自得其乐。如果你能站在大师的肩膀上前行，站在集体的肩膀上飞翔，那你的教育生命一定能够形成正循环，突破偏狭与定式，走上蓬勃发展之路。

三是突破小我：重建人际圈。要学会构建具有生长性的人际关系——实现从"一个人"到"一群人"的观念转变。成长型人际关系建设有三个"法宝"：

- 谦卑——人往往有了荣耀，便开始自我膨胀，个人的涵养与底蕴就不足以支撑你的那份荣耀。慢慢地，自会招人非议，同事们会在工作中处处与你作对，使你碰钉子。对人要更客气、更尊重，荣耀越高，头就要越低。

- 分享——真诚地与团队其他人员分享你的快乐，你会得到更为愉悦的回报。

- 感谢——当荣誉到来时，你首先要感谢同仁的协助，不要认为这都是你自己的功劳。还要感谢上司，感谢他的提拔、指导与授权。

坐而论道，缺少积极实践

学习不落地于实践毫无价值。教育是教会人们感受与创造幸福的生活，这一目的的达成要通过实践。学了，想了，实践了，生活才属于我们，才会有教育的发生。这是我喜欢写学习感悟，但又不是单纯记录学习内容的原因。我是试图通过这样一种方式，把学习的内容与自己的生活和工作有效嫁接，期待开花结果。行动是最好的学习方式，要"做而论道"，而非"坐而论道"。

需要提醒的是，学习也从来不该是"见异思迁"的颠覆式建构，它是一个碰撞、融合、接纳，最后牢固自我的过程。

走过几十年的春秋，丰富的实践和阅历，让我们对生活、对教育、对自我有着相对成熟的认知体系。我们不是一张白纸，已经具备了可以自洽的、相对稳定的认知结构。学习不是让我们丢掉这些，相反，通过学习，我们越发懂得自己所有，从而更加牢固地守住那些常识、规律的底线，扎稳自己的营盘。

因此，最好的学习，一方面是动态生成，另一方面又是夯实原有认知的牢固度。既打破，又夯实，貌似有些矛盾，但它才是真正的有价值的认知。人类一流的智慧永远是可以同时秉承两种截然相反的认知，但作出最切合实际的通达的选择。

成长太苦，失去人生趣味

有人觉得，想成为"明师"，在教育上有所建树，不断地学习、实践、梳理成果，太累太苦了，岂不是失去了生活的乐趣？曾经有一位老师问我：您平时是不是只读书和写作？这样的生活，我可做不到。

其实，这恰恰是对教育的误解。没有教师的幸福，不可能有学生的幸福。一个精神贫困、毫无情调、枯燥的人，一个整日忧心忡忡、愁眉苦脸的人，必将是一个缺乏人格魅力的人。我主张教师的自我超越，并非要教师成为"苦行僧"。恰恰相反，这一切都是为了让教师自身的生命变得丰盈，在教育的舞台上，经营好自己的幸福人生。

比如，我喜欢看电影。通常热门电影上映时，我都会进电影院观看。又如，我喜欢看球赛，是梅西的忠实粉丝，会为他在卡塔尔世界杯夺得大力神杯欣喜若狂。在家里，我也有着"王大厨"的美誉，偶尔尝试一道新菜，也会乐趣无穷。我还喜欢下棋、旅游、吟诗作对，也会偶尔追剧、刷视频，甚至会拍个段子，在网上"K歌"，发给朋友们共享……我曾经给一起工作的同事提出了三条"生活准则"：

- 不要做"蜡炬成灰"的老师，"敬业"不等同于"牺牲自我"乃至一个家庭。

- 工作之余，沉醉于山水，一个人的灵魂会逐渐变得丰盈、素雅、乐观、沉静。

- 繁杂之侧，可以有爱好相伴。有个爱好，每天就有盼头，就能把日子过得充实、美好。

追求卓越从来不是让生活变得狭窄，而是打开窗子，迎来更多的阳光。不要把成长当作特别功利的事，更不用担心自己能走多远。只要我们热爱生活，坚持迭代，就会照亮自己、温暖他人。这将成为我们影响学生、影响课堂的不竭动力。

自我评估

你如何看待教师的自我成长、自我迭代呢？你是否坚持思索与践行专业提升的路径？你还存在哪些困惑？请根据自己的实际情况，在"是"或"否"后打钩。

1. 你认为影响学生学业水平的主要因素是学生的智商和学习态度。（是　　否）

2. 你说不清自己究竟给学生带去了哪些影响。（是　　否）

3. 你无法预见每一个学生的基本情况并在教学中采取有针对性的措施。（是　　否）

4. 你不认为民主型教师有助于学生学业的提升。（是　　否）

5. 你很少参与学校提出的各类教学改革的探索。（是　　否）

6. 你认为主要是学校的整体管理风格和办学氛围影响着自己的工作热情。（是　　否）

7. 你不希望承担教研组长、备课组长等工作角色。（是　　否）

8. 你因为担心失败没面子，所以很少主动承担上公开课的任务。（是　　否）

9. 你觉得参加各种培训基本没有意义。（是　　否）

10. 你很少跨学科听课，也很少读教育之外的书籍。（是　　否）

【计分方法】

各题答"是"计 1 分，"否"计 0 分。

你的自我评估得分为 _____ 分。

【评估结果】

教师自我迭代困扰度量表

分值区间	7—10	3—6	0—2
结论	困扰程度极为严重	困扰程度较为严重	困扰程度较小

【自我认定】

我的优势	
我的不足	
我的改进点	

第二章

建立"让学习真实发生"的操作系统

操作系统是指课堂教学的路径、方法、组织形式与实施，是教师协调各种资源（包括人），让学习真实发生的过程。其本质是研究教学技术与教学效果之间的关系。

5. 建立一个结构：以目标为导向

提示

读完本篇，你应该能够回答下列问题：

● 教学目标在学习过程中有什么价值？

● 如何确定目标、描述目标？

● 如何以目标为导向进行教学设计？

◎ 原理阐述

在观察、分析和研究真实课堂的过程中，我们不难发现，许多教师没有真正树立教学中的"目标"意识。其主要表现有三点：一是没有目标，课堂教学只是一些无序活动的简单连接和叠加；二是目标不清楚，师生不知道一节课做到什么样才是成功的；三是不能用目标来贯穿整个课堂，未对目标进行检测、小结，目标成了摆设。

不以"目标"为导向设计教学，常常使一堂课失去方向。一位教师在教学反思中写道：

刚开始教书的时候，我在备课时会问自己："明天该做什么？"这个问题本身暴露了我备课中的一个重要缺陷：我考虑的是第二天要进行什么课堂活动，而不是目标——我希望学生知道什么，或者课程结束时他们会做什么。

如果先确定了目标，你的问题就会是"学生在课程结束时能做什么"，而不是"今天学生要参加什么活动"。第一个问题可以测算，第二个问题却不可以。活动的成功不在于你是否组织了，学生是否愿意参加，而在于你是否达到了目标，而该目标又是否可以评估。最好的方式是逆转方向，从结果开始，从目标开始。

这位教师及时领悟到了目标对自己教学成效的积极意义。这可以引发我们的思考：不管是新授课还是复习课，有无明确的"教学目标"能产生一样的效果吗？

有人总结了课堂上学习真实发生的四个特征：学习者清楚学习意图和标准；了解与目标相关的学习资源；清楚自己处在哪个位置；清楚下一步在哪，遇到问题怎么办。以此来对照课堂，很多时候，教师恰恰没有在这几方面为学生提供必要的辅助和指导，导致学生的学习没能走向深入。这就促使我们不得不思考教学设计的相关问题。

许多专家学者强调，一个成功的教学设计必须满足教学目标、教学策略和教学评价三要素的一致协同性，即"课程协同一致原理"。要形成一个优秀的教学设计，首先必须做好教学目标的设置、教学策略的选取以及教学评价的实施。这就好比要完成一次旅行，教学设计需要解决的是类似"旅行"中的三个基本问题，简称"3W"：

- Where：我们要到哪里去。
- How：我们如何到达那里。
- Whether：我们是否到达那里。

对于"我们要到哪里去"的回答，即是开展教学分析、确立目标的过程；对于"我们如何到达那里"的回答，即是开发教学策略、导向目标的过程；对于"我们是否到达那里"的回答，即是实施评价、评估目标的过程。

很显然，教学目标是最基础、最重要的。如果都不知道要到达哪里，又如何解决"怎样到达""如何判断是否到达"的问题呢？身处课堂的学生宛若游客，如果在教师这个"导游"的引导下，始终迷迷糊糊，不知走向何方，是不是既疲劳又会失去很多乐趣？这恰恰是我们很多课堂的常态。教师往往比较关注学生活动、教学环节的设计，但对于教学目标的制定并未给予足够的重视。上一节课，组织一个活动，有些教师并不能清楚地回答：我到底想通过这些让学生学会什么呢？

由于目标不明确，以下情况常常发生：教师的教学行为出现"过"或"不及"的情况，太"过"则人为加重学生负担，"不及"则使学生无法完成学习任务，为后继学习制造障碍；教学活动无法正常实施，教学形式的选择失去了精准度；随意性较强，造成学生无法沟通知识的前后联系，无法构建知识的完整网络体系。

因此，教学目标就像导航仪一样指明前进的方向，必须充分认识其价值。其制定是否准确、清晰，不仅影响着教学过程的展开，很大程度上也牵制了最终的学习效果。关于这一点，很多教育理论作过深入阐述。比如，盛群力、李志强教授在全国教育科学"九五"规划国家重点课题"现代教学设计论"中，把"确定教学目标"作为"教学设计、开发、实施和评价"这一"系统方法模型"的"第一步"，并强调了"编写具体教学目标"的重要性。

一般来说，教学目标有三种功能：

一是"导教"——以目标为导向，有针对性、有目的性地指导教师开展教学活动。教师要把精准确定教学目标作为备课中的重要环节，放在第一位。依据目标，教师确定将采取的教学步骤、教学环节以及每个步骤或环节采取的教学方式，有条理地完成教学计划或任务；要以明确的教学目标贯穿整节课，判断实际教学效果。实践证明，很多老师就输在了这个环节。试想，如果教学目标确定有误，弄错了教学重难点，就算你的教学方法再高明，又有什么意义呢？

二是"导学"——以目标为导向，指导学生学习，让学生在原有学习基础上，明确自己的学习目标后，以独立思考为主、合作探究为辅，自主、积极地参与到学习过程中。教师把学习目标告知学生，让学生在课堂学习中做到心中有数，并以目标为基点参与学习的全过程。这有助于学生时刻洞察自己的目的地、所在位置以及努力的方向，从而在学习中获得快乐和成就感。

三是"导评价"——以目标为导向，指导师生评价，衡量学生达到的学习水平和程度，为教师及教育监督者提供检测的标准和依据。依据目标，采用即时的和延时的师生互评、生生互评，还有可视化评价和可量化评价等多种形式，激发学生取长补短。围绕目标，全面评价教学和学习效果，让学生从知识技能、课堂行为、情感态度等方面对自己的学习进行定量评价，明确自身的优点与不足，加强总结，提升自我。

古罗马有位哲学家说过："当不知道将要驶向哪个港口的时候，风怎么吹都对你不利。"以目标为导向的课堂教学，教师知道怎样来设计课堂活动，学生清楚本节课要达到怎样的程度，自然能够规范师生的教与学。反之，无视目标设置，教师随意，学生散漫，课堂教学必将迷失方向。

◎ 技术精解

掌握素养立意课堂的目标表述方式

一堂课短短几十分钟，学生有了什么样的新变化，这种变化并非"只可意会不可言传"，而是可以被观察、被测量的。这成为我们表述教学目标的一个逻辑起点。

在传统的教学目标设计中，行为主体是教师，而不是学生。之后的课程改革将知识技能目标，扩充成三维目标，但教师在实践操作中不易把握，常常顾此失彼，出现重复现象，造成预期学习结果的不清晰、不可检测、不可评估，以致目标成为教学设计时的空头摆设。新的课程标准着眼于发展学生的核心素养，这一课堂立意引导教师，要立足将三维目标整合之后进行表述，以"知识与技能"为核心，把"过程与方法、情感态度与价值观"融入其中，最终目的是发展学生的核心素养。

教学目标是学生在一节课的学习完成之后要达成的预期学习结果，即学生在学完某一内容后，学会了什么，学会了多少，他们能够干什么。因此，一个完整的学习目标一般包括：学生（主体），学什么（任务），学到什么程度（目标），用什么方式、多长时间、什么资源（路径），证明学习效果的依据（结果）。当然，并非每个目标全部具备以上要素，有些内容可以省略或隐含其中。

举例如下：

教学目标表述方法	举例
主体＋路径＋任务＋目标	在阅读理解的基础上，复述课文内容，复述要涉及具体事情的时间、经过、结果
主体＋任务＋路径＋目标	阅读补充材料，思考、讨论、交流，概述新航路开辟的必要性、可能性及影响
主体＋任务＋路径＋目标＋结果	用 5 分钟自学课本内容，有 90% 的同学能够向同桌准确复述平行线的性质

在目标表述中，要特别注意两点。

一是预期的学习结果要难度适中。表述目标时，教师要凸显本节课学生预期的学习结果，即学生做到什么程度算合格。但要注意，预期的学习结果要难度适中，靠近学生的"最近发展区"，以激发学生的学习动机，千万不可求难、求多，导致任务无法完成。

二是目标的表述要精细、合理、可操作性强。这几点做得越到位，课堂就会越生动，学生的学习主动性就越强。例如，一位化学老师在教学有机物乙醇时将目标表述为：（1）记住乙醇的物理性质；（2）认识乙醇结构，会书写乙醇的分子式、结构式、结构简式；（3）能解释烃的衍生物、官能团的概念；（4）会描述乙醇与钠反应的实验现象，会书写方程式；（5）说出乙醇发生催化氧化时的断键方式，会书写乙醇被氧气氧化的方程式。这些目标从内容到完成标准都极为精细、清晰，将其展示给学生，学生不仅知道要做些什么，而且知道做到什么程度才算达标。方向和路径清晰可见，"教"与"学"自然有的放矢。

掌握教学目标设计的四步策略

第一步：明确这节课的基本学习内容。

"基本学习内容"通常包括知识维度、知识内容、知识链接、让学生掌握到什么程度、需要的情境或前提条件是什么。教师需要主动思考几个问题，找到这些问题明确的答案，也就做到了对一节课学习内容的确认：

- 这节课要学习的知识内容是什么？
- 这节课如何与学生之前学过的内容相联系？
- 这节课将如何加深学生对内容的理解？
- 这节课聚焦的技能目标是什么？（列提纲、总结、绘图、制表、使用工具书、列出程序清单等。）
- 学生学习一种新技能的时候，是让他们边学习边实践，还是等到能够熟练掌握之后将其运用到新的情境中？

第二步：确定这节课的基本理解程序。

也就是找到一节课诸多教学内容之间的内在逻辑。重点思考两个问题：哪一种思维过程（记忆、理解、应用、分析、评价、创造）可以帮助学生明确已经知道或会做的事情？哪一种思维过程可以促进学生深入理解、提高技能，让他们对已经知道的知识进行分析、推断、扩展和应用？

第三步：设计基于理解的学习行为以转化教学目标。

教师的重要任务是设计出与教学目标相匹配的学生课堂表现，构建学习行为量规，让学习可测量、可评估。比如，语文教学的"朗诵"和"背诵"技能，很多时候因为缺乏对学生课堂行为进行有效评价的具体标准而导致训练结果模糊、无法评判。如果我们作出如下的量规设定，教学目标就变得具体、可测了。

	优秀	达标	待达标
朗诵	读音正确，节奏分明，情感匹配	读音正确，节奏分明，舒缓得当	读音有误，节奏不畅
背诵	每段背完时长不超过 4 分钟	每段背完时长为 5~7 分钟	每段背完时长超过 7 分钟

基于理解的学习行为设计，有助于学生在学习目标的引领下，置身于各种情境中始终保持专注，因为他们非常清楚自己在哪里，在做什么，做这件事的目的以及所要达到的程度。

第四步：陈述学习目标。

学习目标陈述的要点是"基于学习目标理解的学习设计"。

有效的学习目标必须面对学生，使用让学生能懂的语言描述，向他们表达这节课的基本结构内容，描述的学习行为要具体、可操作，并合理地解释这样做的原因。一个有效的学习目标会让学生自觉转到学习轨道上来。比如，《桃花源记》一文的目标之一是"在15分钟内，借助课下注释独立完成全文的翻译"。这个目标就包含了一个学习设计应有的要素，使学生能够明确学习的主体、内容、路径及最终的呈现结果，界定了学习的过程与方式，形成了较为清晰的学习设计。

掌握"目标导向"课堂的基本设计思路

"以目标为导向"的课堂教学设计，要求授课教师在授课前，根据课程标准，在吃透教材的基础上厘清该课程的知识体系，明确各知识点及其所要达到的教学目标。在教学中，教师要及时出示，使学生对学习目标有心理准备。在达成教学目标的过程中，教师还要设法持续地引导学生向既定的教学目标靠近，并在实现教学目标后与学生一起进行课堂总结，以便巩固提升。

"目标导向"下的教学设计思路，能够克服课堂教学的"随意性"和"满堂灌"，为教学活动找到清晰的逻辑主线，有的放矢，引导学生生动、活泼地学习，积极、主动地构建知识体系。

其基本参考框架如下：

序号	环节内容	功能	课堂行为	预计时长
1	情境导入出示目标	导向	回忆旧知、创设情境、明确目标，进入良好的学习状态	4~5分钟
2	组织自学设疑引导	导学	设置自学内容及要求，在学生自学基础上，分组讨论，找到困惑点	8~10分钟
3	精讲点拨归纳总结	导析	围绕重点、难点、疑点，讨论、交流、评议、沟通、解疑	10~14分钟

序号	环节内容	功能	课堂行为	预计时长
4	当堂达标迁移训练	导练	编制练习，反馈纠正，限时限量完成，当堂评估达标情况	6~8 分钟
5	小结拓展回扣目标	导结	回扣目标，概括归纳重点，梳理成线，适当拓展，指明知识薄弱点	3~5 分钟

◎ 逾越误区

拟定教学目标时的用词不够精准

拟定的教学目标含混模糊，过于笼统和空泛，特别是常常使用一些描述学生内部心理状态的词语，如"领会""把握""知道""体会"等，教师并不易检测学生是否真正具有和掌握了，这就会导致目标定向、导测功能的丧失。因此，有必要掌握表述教学目标的常用词语，并根据学情更加精准、具体、简明地呈现。

根据教学实际，下面提供了表述教学目标时常见的层级及备选词汇，供大家参考。

认知层次	表述备选词汇
了解（记忆或知道）	辨别、识别、辨认、回忆、说出、描述、复述、背诵、列出
理解（领会）	解释、说明、判断、分类、概括、预测、估计
应用（在具体情境中解决问题）	设计、证明、撰写、制定、实验、作图、解答
分析（厘清结构与联系）	辨别、比较、筛选、分类、联系、整合、归纳
评价（判断材料和方法的价值）	检查、观察、评价、评判
创造（在理解、应用、分析与评价的基础上形成自己的能够解决问题的思维框架或行动策略）	设计、开发、计划、建立、制作

混淆"教学目的"与"教学目标"的概念

在备课过程中,教师普遍存在对教学目的、教学目标混淆不清的情况,导致目标制定出现偏差。教师应该对两个概念有所了解。

■ 教学目的是教学领域为实现教育目标而提出的一种概括性的总体要求,是教师在教学过程中要完成的任务,具有根本性、长远性和稳定性等特点。

■ 教学目标是由授课教师根据课程标准等要求,在课堂教学设计时制定的绝大多数学生通过一节课的学习应该达到的结果设定,具体详细描述每节课所要达到的预期效果。

有些教师编制教学目标存在的最大问题是"职责不清":把本是单元的、学期的乃至长远的"教学目的"都囊括在"课时教学目标"之中。这种好高骛远的做法,直接导致教学目标与教学实际的脱节。教师一定要把"课时教学目标"和"单元教学目的"区分开来,不要用课时目标去承担整个单元或学期乃至更长时段的教学任务。简单地说,一节课所拟定的教学目标必须是在正常教学状态下能够当堂达标的,要强调其时效性,如果拟定的目标不符合这条标准,则应该剔除。

举个例子。有的英语老师以"培养学生的语言交际能力"为目标,却没有意识到,这其实是一个贯穿学生英语学习生活始终的长期目标,根本不可能通过短时间的教学实现,不宜将其作为一节课的能力目标。如果改为"在……的语境中,用所学句型进行对话交流",则显然成为当堂课可以通过训练完成的任务,不再抽象、笼统、模糊,而变得具体、可量化、可检测、可评估和可实现。

课堂活动注重"有趣"而忽略"有效"

许多教师非常重视设计丰富多彩的课堂活动,认为只要课堂动起来了,热热闹闹,这就是好课。其实未必如此,深究那些活动很多、很热闹的课堂,往往被虚假的繁荣所欺骗,存在着"活动"与"目标"脱节的问题——

活动看似有趣，但并未实现"有效"的课堂价值。

一位英语教师在教学了表示图形的单词（circle、square、rectangle、diamond）后，设计了一个活动：让学生用教师给的图形拼成一幅画。学生七嘴八舌，各抒己见，热闹非凡，但整个活动过程很少使用英语交流。学生花了近15分钟时间才完成任务。当教师想让学生用相关句型进行问答对话时，下课铃声已经响了。这节课中，拼图活动是为语言活动服务的，却喧宾夺主，浪费了宝贵的教学时间。

因此，教师每设计一项活动，必须先明确其指向的目标，否则，课堂就很可能像脱轨的列车一样，失去应该运行的轨道。活动不能只图表面热闹和有趣，要保证课堂活动的成效，教师还必须在课堂活动的目标指向性与趣味性之间取得某种平衡，不能顾此失彼。

把教学目标简化为单一的认知目标

根据布卢姆的教学目标分类理论，教学目标可分为认知、情意、技能三个领域。这一理论的实践意义是十分巨大的，但它也不可避免地带来了一些负面影响。一则资料显示，美国研究者曾对部分小学教师的教学设计进行分析，发现有74%的目标定位在认知领域，而95%的认知目标、24%的情意目标、81%的技能目标又都停留在低层次水平上。显然，用这样的目标来指导教学，有悖于教学目的的全面达成，不利于学生核心素质的完善发展。

不可否认，我们的教学实践或多或少地存在着类似问题，比如把握目标，重认知，轻情意；检测效果，重局部，轻全程；等等。新课标对培养学生核心素养的课堂价值形成了清晰的导向。新课程标准指出，核心素养是指学生通过课程学习逐步形成的关键能力、必备品格与价值观念。简单地说，核心素养是能做事，关键能力是能做成事，必备品格是指习惯做正确的事，价值观念指坚持把事做正确。这就必然要求我们确定教学目标时，对应核心素养的要求，实现目标的"多元化"。也就是说，它不仅包括认知、情意、技能，更应该包括正确的思想教育、良好的学习习惯、科学的思想方法、健康的个性品质、积极的创新意识等。教师只有意识到并努力自觉地做到这一点，对教学目标的把握才是正确的、完整的、有效的。

比如，两位教师同样教学《乌鸦喝水》，都通过实验操作让学生理解词语"一颗一颗"和"慢慢的"。甲班学生正襟危坐地看实验，井然有序地回答，显得颇为拘谨；乙班学生却"不安分"，看实验时惊叹声此起彼伏，谈理解时争先恐后，表现极为投入。

从认知角度看，两者都达成了目标。但从发展核心素养的视角来看，后者那种对新鲜事物的热忱关注、对内心情感的大胆抒发、对获得成功的喜形于色，更有助于学生好奇心的培养、人格的健康发展。这样一个目标的定位，显然更符合学生发展的实际需要。

自我评估

你如何理解教学目标的价值？你在日常教学中，是否掌握了制定目标、运用目标设计教学和组织教学的基本技术？请根据自己的实际情况，在"是"或"否"后打钩。

1. 你认为"怎么教"比"教什么"更重要。（是　　否）

2. 你觉得制定教学目标是一件很容易的事。（是　　否）

3. 你在课堂上并不经常出示教学目标或出示了但很少让学生用自己的话说出目标并向同学解释目标。（是　　否）

4. 你的学生并不是每一堂课都清晰地了解当堂课的学习目标。（是　　否）

5. 你不太习惯在教学过程中反复提及当堂课的目标。（是　　否）

6. 你的目标设计常常在五条以上。（是　　否）

7. 你并不是每堂课都有针对目标的课堂检测或检测了并不具体统计学生的正确率。（是　　否）

8. 你对教育目的、教学目的、课程目标、教学目标等概念不能完全区分。（是　　否）

9. 你对教学目标常用的表述词汇还不能熟练掌握。（是　　否）

10. 你的课堂小结不能做到紧扣教学目标进行。（是　　否）

【计分方法】

各题答"是"计 1 分，"否"计 0 分。

你的自我评估得分为 _____ 分。

【评估结果】

教学目标技术困扰度量表

分值区间	7—10	3—6	0—2
结论	困扰程度极为严重	困扰程度较为严重	困扰程度较小

【自我认定】

我的优势	
我的不足	
我的改进点	

6. 抓住一个重点：实现有效自学

提示

读完本篇，你应该能够回答下列问题：

- 为什么将自学作为学习的开端环节？
- 怎样组织自学才真正有效？
- 开展自学，学生需具备哪些学习品质？

◎ 原理阐述

在课堂中，我们总是会看到这样的画面：教师为了体现"新的理念"，一些披着"自学"外衣但无自学内涵的教学行为堂而皇之地占据着课堂。教师即没有确定学生自学的目标，也没有对学生自学方法的指导，更没有对学生自学成果的检验，导致学生"丈二和尚摸不着头脑"，迷惘、混沌，无所事事，白白浪费了大把的时间。

自主学习是学生根据学习能力、学习任务，积极主动地调整自己的学习策略和努力程度的过程。在这一过程中，学生的学习积极性、主动性和创造性得到发挥，积极思考、主动探究、发现问题和解决问题的能力得到提高，不断接纳信息，构建新知，形成关键能力和必备品格。所以，培养学生的自主学习能力是教学的最终目标，也是社会发展的必然要求。

首先，从社会发展来看：社会的迅速发展和信息化时代的到来，要求人们必须树立终身学习的思想。《基础教育课程改革纲要（试行）》指出：要着眼于学生的终身学习，要改变课程过于注重知识传授的影响，强调形成积极主动的学习态度，使获得基础知识与基本技能的过程同时成为学会学习和形成正确价值观的过程。可见，培养学生的自主学习能力是课堂教学的首要任务，更是社会发展的必然要求。

其次，从教学过程来看：课堂教学是在固定班级和规定的时间内完成的。在这种教学模式下，教师向学生传授的知识或学生所学习的内容都受到一定限制，教师只有通过课堂教学举一反三，"授之以渔"，培养学生的学习兴趣，让学生养成"我要学"的习惯，学会学习，才能使其终生受用，能够经受住社会大熔炉的历练和锻造。

最后，从个人需求来看，今天的学生是未来社会的主人，他们将生活在一个知识经济迅速发展的人工智能时代。要凸显"人"所独有的优势，在与机器的比拼中占据上风，完成时代赋予的使命，学生必须懂得学习，善于学习，不断丰富和完善自己，在情感力、创造力、合作力等维度提升自己，才能跟上时代的步伐。

在自学能力培养方面，很多老师作出了有益的探索，也取得了突出的成绩。

比如，有些教师重视学生的课前预习，在此基础上，通过学生互相讨论或在老师的指导下解决重难点问题，随之进行巩固练习，矫正错误或适当拓展。遵循"先学后教"的思路来设计教学活动，把"学生自学"作为整个教学过程的第一环。

又如，有的老师在课堂教学与练习中尽量做到：学生可以看懂的内容就让学生自己看；经过思考可以解决的问题就让学生自己想；通过讨论可以解决的问题就让学生自己讨论搞清楚；可以独立完成的作业就让学生自己去做。教师绝不大包大揽，而是充分"放手"，发挥学生的主观能动性，处处彰显对学生自学思维的培养。

再如，教师让学生在学完某一单元的知识后进行小结，让他们自己阐述学到了什么，分享碰到问题时用怎样的方法和资源予以解决，等等。这不但能提高学生的学习兴趣，加深对所学知识的理解、记忆和运用，也在全方位增强学生的自学能力。

这些做法都为我们研究学生的自学提供了借鉴。作为教师，我们首先要认识到学生自学的价值所在。学生通过长期的自学训练，能够有计划、有目的地主动学习，构建知识体系，优化认知结构，获得知识、技能、学习品质的全面提升。在课堂上设计科学的、有效的"学生自学活动"，是教师必须掌握的一项课堂技能。

如果不相信学生，不放心学生，一味"手把手"地去教、去"填鸭"，看似快捷有效，实际在很大程度上会使学生丧失学习热情和独立思考、独立探索的勇气，从长远看注定得不偿失。

◎ 技术精解

根据自学特点需要重新定位教师的角色

以"学生自学"为特征的课堂教学，教师的角色将从"单一"走向"复合"。这一转变，成为课堂学生自学顺利进行的关键。简单概括，教师在课堂上的角色大致包括以下几种：

一是行动策划者。教师根据课程和教材要求，依据学情，在课堂上设计相关学习任务，让学生定位学习方向和目标；教师要成为课堂交流的桥梁，满足学生在课堂中的安全感、自信心、成就感，张扬学生个性和诱发学生创造力；教师指导学生科学选择和利用学习资源，掌握必要的学习策略与方法。同时，教师还是学习小组整体行动的计划者，在学生自学过程中，根据现场学习情况，适时给予指导，推动学习行动的持续发展，最终帮助学生主动构建起知识体系。

二是合作促进者。教师要把自己的角色定位为学生学习的合作伙伴、意见交流的中介、学生学习的促进者，为学生创造一个合作、互助、民主、开放的学习环境。尊重学生的个人感受和独特见解，让学习的主体带着自己的知识、经验、思考、灵感、兴致，参与课堂活动，使课堂焕发生机。当学生遇到困难时，教师要作为学生重要的信息来源，及时为学生提供帮助，多给学生一些方法上的指导，不把自己的想法强加给学生。要倡导在课堂上平等对话和协商，相互接纳、欣赏，实现观点的碰撞与融合。

三是监控评估者。自学过程中，教师作为重要的观察者，要通过巡视、交流、测试等方式，全时段、全空间地了解学生的学习状态、学习进度、学习效果，并对其学习过程和结果进行综合性评估。自学监控的关键是及时掌握学生反馈的学习信息，主要包括：

- 学生的学习目标哪些已经完成，哪些没有完成？练习正确与否？
- 如果学习目标没有达到，有几种表现形式？
- 学生没有达到学习目标的原因何在？
- 后进生的学习情况如何？困难在哪里？

采取个人评估与小组评估相结合的方式，分享成功的喜悦，关注存在的困难，看到每一个学生。教师还应鼓励同学间相互评比、相互评价，把所学成果在课堂上进行展示，增强学生的自信心和自觉性，最终达到自我监控、自我评估的目的。

四是反馈矫正者。重视自学信息的及时反馈和有效调控，重点抓好两个方面：第一，学习目标本身存在的偏差，即知识、技能学习的错误、空缺、疏漏之处，要及时提醒和矫正；第二，学生自学过程中方法、策略的偏差，即对于影响自学质量的学习行为和习惯，要及时指出，进行调整，让学习始终聚焦在正确的方向上，最大限度地避免盲目性，从而提高自学效率。

五是心理疏导者。因为学习基础和能力的差异，学生在自学过程中难免会遇到这样那样的困难，从而产生焦虑情绪。教师应及时帮助学生分析原因，通过谈心事、说想法、教策略、找伙伴、降难度等方式，进行心理疏导，为学生提供成功的机会，鼓励他们充满信心地学习。

根据教材内容需要设计适宜的自学方式

第一类是比较浅显的，学生自己能够学会的。

教材中的一些内容相对比较简单，依据学生的学习基础和学习能力，完全能够自己掌握。对这部分内容，教师一定要坚持原则：坚决放手，由学生自学完成。当然，教师并非彻底"放羊"，不闻不问，而是要强化自学的过程，对自学内容、自学方式、自学时间、自学结果的呈现等拿出具体方案，确保一个完整的自学过程中，学生既掌握了该学的内容，也提升了自学的基本能力。"一箭双雕"，使自学环节产生最大效益。

第二类是新旧知识有直接联系，学生能够从旧知识引发对新知识的认识。

设计学生的自主学习活动，教师必须善于利用知识的迁移规律，找准新旧知识的连接点，诱导学生利用旧知识去学习新知识。这个过程中的自主学习，主要体现为温习和巩固旧知识，为理解掌握新知识铺路。譬如，数学中要学习"一元二次不等式方程组的解法"，其关键点在于学生熟练掌握一元二次不等式的解法。在教学过程中，教师可让学生以组为单位，相互命制一元二次不等式的练习试题，并在解题过程中相互帮助、解决疑难。这就为新知识的学习奠定了基础。这样的学习方式，不仅提高了学生的学习效果，更重要的是，有助于逐渐训练和养成学生自觉对知识进行"比对"和"系统化"的良好思维习惯和思维方式。

第三类是相对抽象、不易理解和接受的。

例如，化学中的"物质结构"，物理的"功"和"能"，生物的"微生物"，地理的"读图"训练，等等。对这类知识，如果教师只满足于单向讲解和灌输，即使表达再明白，学生也不容易掌握，最重要的自主学习方式就是动手操作。通过观察模型结构、动手实验等方式，教师将抽象的知识具体化、可感化，这对降低知识的难度有非常明显的效果。有些教师总是懒于让学生动手，因为需要准备器材，课堂操作起来相对麻烦一些。这样的做法显然不可取。

第四类是难度相对较大、依靠学生个人能力无法企及的。

对这部分内容，教师可以将学生自主学习的方式设定为"合作"，通过学生群体的智慧和力量，来解决看似难以解决的问题。在小组合作中，学习的内容、目标、想达到的效果要清楚，合作学习的时间、方式以及每个人的职责和注意事项也要交代清楚。在学生合作学习过程中，教师要认真找到自己的定位：一是不能随便打断学生的交流；二是及时深入学习小组，了解学习状态，以便及时点拨或调整后续的教学思路。这样，才能确保将合作学习落到实处。

根据自学效果需要建立明晰的任务驱动

在任何一节课中，安排学生适度地进行自主学习十分必要。在新授前安排学生自主阅读教材，有利于学生把握教材的基本内容，避免教师一上课就开讲而导致学生连教学内容所在的位置都没有弄清的尴尬局面。在突破一个教学难点问题时，教师先讲还是学生先学，这个也是教师教学的观念问题。如果学生能够自己先思考，然后再听讲，这就在很大程度上避免了教师直接讲授的问题，可以让学生听得更加明白而印象深刻。但需要强调的是，在课堂教学的任何一个环节安排学生自主学习，授课教师一定要为学生提供具体的、可操作性强的学习任务。这个任务的安排应做到"四定"：

- 定内容（学习教材的第几页）。
- 定时间（用几分钟）。
- 定方法（在自学时要运用什么方法、策略）。
- 定要求（自学时要思考哪些问题，教师如何评价检查）。

通常情况下，为了更好地保证效果，上述"四定"内容应在课件中予以展示。

比如，一位语文教师教学《背影》时设计了如下学生自学任务：

请速读全文，画出你认为重要的句子和自己喜欢的句子。（定内容与方法）5分钟后（定时间），请同学们回答：文章写了一件什么事？包含怎样的思想情感？（定要求）提前完成的同学思考：这是一个怎样的背影？为什么让作者感动得流泪？（层级要求）

再比如，一位数学教师设计了"自主学习任务单"，在课堂上发给学生：

一、学习指南
1. 课题名称：北师大版九年级数学下册 3.2 "圆的对称性"。
2. 达成目标：阅读教材 70—74 页，完成"自主学习任务单"规定的任务，掌握圆的对称性的性质及其推导过程。
3. 学习方法与建议：15 分钟，自主探索，梳理重要信息，初步整理笔记，作好分享准备。
4. 课堂学习形式预告：教师提问学生自主学习情况及相关内容→学生分组讨论交流→学生展示→教师质疑释疑→检测评价→总结概括。

二、学习任务
阅读教材，完成下列学习任务：
1. 圆是轴对称图形吗？你是如何验证的？性质是什么？
2. 圆是中心对称图形吗？你又是如何验证的？性质是什么？
3. 圆的对称性还有哪些性质？
4. 你能用这些性质解决哪些问题？
5. 你能自主完成课本 71 页的例题解答，并向同伴讲解吗？

三、困惑与建议
自主学习本节课后，你有什么困惑？

两种方式虽有不同，但共同的特点是自学任务清晰明了，有助于学生迅速进入自学状态。因此，在安排自学任务时，教师一定要通过课件、自主学习单或者口头表述等方式使学生明确自主学习的基本任务、需要解决的问题、时间限制，这样有利于在规定时间内完成规定的学习任务，提高学习效果。

根据学生成长需要培养良好的自学品质

最重要的是消除学生自学中的畏难情绪，鼓励、认可学生的独立思考及与伙伴的合理交流，引导学生不要碰到问题就问，要尽量自己钻研、自己解决。可以重点培养以下几种品质：

■ 动笔看书的品质：拿着笔读书，边读边把书上的重要内容勾勒出来，并记录在笔记本上。

■ 重温笔记的品质：充分利用整理好的笔记，复习时再次遴选，将笔记中的内容进行梳理，标注重点，尚未熟练的重新做好二次记录。

■ 备忘卡片的品质：把最难掌握的内容要点抄在小纸片上，放在口袋里随时翻看。

■ 规范做题的品质：从一开始就学会规范解题，一步一步要清清楚楚，切忌草草书写。

■ 借助工具的品质：充分用好网络、图书馆、工具书等资源，搜索自己想要的各种资料和信息。

◎ 逾越误区

自学内容抓不准

缺乏明晰的自学内容，或者自学内容过多、过繁，学生无所适从。要求学生自学，但自学教材的哪部分内容、哪些段落，思考和解决哪些问题，达到什么目的，学生一概不知，这样的自学就失去了方向，"无的放矢"，效果自然不好。相反，有的教师走向了另一个极端，课件上密密麻麻地列满了自学提纲，让学生眼花缭乱，无从下手。在短时间内，不要说通过自学完全解决这些问题，能否读清题目都要打一个问号，这样的自学内容设置显然也不合理。当然，如果一节课需要自学的内容比较多，怎么办？可以考虑进行分解，将一个大的自学环节划分为两三个或三四个小的自学环节，使每一次的自学行为相对独立，如此，自学环节才会扎实有效。

自学时间不合理

第一种表现是教师对学生完成自学内容所需时间没有预判，也没有明确要求，一进入自学，课堂就完全处于散漫状态。即使大部分学生已经完成了自学要求，无事可干，教师仍不结束自学环节，致使课堂结构松散，学生疲沓、懈怠，注意力涣散。第二种表现是自学时间过短。布置了具体的自学任务，但学生刚刚静下来开始读书，甚至还没有进入自学角色，教师就沉不住气了，马上开始提问。这样的做法导致自学行为的"流产"。因此，教师要根据自学内容的多少与难易，以及学生的实际水平，向学生提出明确的自学时间要求，让学生在这个时间里集中精力，"像考试一般紧张"地完成自学任务，保证教学的高速运转。

自学环境不到位

自学，立足于学生的独立思考，必须有相对安静的环境，学生才能进入真正的独立思考状态。有些教师要么不能在自学前将要求说清楚，开始自学了却不断提出要求；要么沉不住气，总是不放心学生，絮絮叨叨，百般叮咛，打断学生的思维。这种做法，虽然美其名曰"自学"，但学生已经成为课堂的傀儡。学生自学过程中，教师必须保证他们有一段相对独立的"静默"时间，不能说话，不能板书，甚至不要大声走动，以免扰乱学生的思维。另外，自学伊始，教师千万不能让学生讨论，因为不以学生的独立思考为基础，所谓的"讨论"也会落空。

自学过程放不开

自主学习要求教师充分信任学生。我们经常发现，部分教师在布置了自学任务后，常常忍不住不停地对全班学生进行指导。这种做法在绝大多数情况下是对自学活动的严重干扰。其原因有二：一是这样的指导会在某种程度上影响学生的思考过程，使学生的思维被打断；二是这样的指导会让学生失去自主思考的主动性，而去等待教师的讲解和点拨。需要注意的一点是，自学开始之前，教师应尽可能将自学过程中的注意事项交代清楚，避免因为不断提出新的要求而打断学生的思考过程。当然，这并不意味着教师绝对不能对学生进行点拨和提示。如果教师在巡视课堂的过程中发现了典型的、普遍性的问题，不妨叫个暂停，让全班同学倾听。这样就避免了教师发言过于琐碎、部分学生听到而另外一部分听不到带来的课堂后遗症。

自学检测跟不上

自主学习不是放任自流，不是浪费时间，最终的目的应该指向教学目标的完成。这需要做到两点：一是自学前说明要求。比如，学生得到的自学成果如何呈现，是写在笔记本上、批注在课本上，还是在大脑中进行加工？自学结束后，教师将采取什么样的方式对自学情况进行检验，是学生回答问题、书面检测，还是小组合作展示？二是自学后针对要求进行检测。部分教师恰恰忽略了检测环节，导致学生的自学效果缺乏衡量的标准而陷入模糊、低效状态。

因此，在学生的自主学习阶段完成之后，教师必须针对学生的自主学习效果进行检测。具体的检测方式可以有如下安排：

- 口头检测：通过提问，学生直接回答问题。
- 书面检测：通过纸笔方式，学生自我书面转述。
- 简易判断：学生利用自主学习的内容进行观点再认。
- 观点应用：通过一定的问题，学生提高对学习内容本身的深度理解并产生疑问。

自学指导不给力

自学是一项技术性很强的事，如果教师对学生的自学方法指导不力，学生就很难真正"自主"起来。教学的最终目的是教会学生学会学习，但有的教师只注重学生主体作用的发挥，却忽视了学习方法的指导，导致学生的学习仍然处于被动状态。学生离开了教师，还是不会学习。自学并不等于自由式学习，并不是想怎么学就怎么学，想学什么就学什么，而是在预设目标的基础上，运用合理的学习方法进行。因此，引导学生自学，教师要将常规性的学习方法教给学生，比如，如何预习，如何读书，如何归纳要点，如何整理笔记，如何提出问题，如何使用工具书等。只有这样，学生的自学才不是空洞的。需要说明一点，学生并不是对一切问题都能独立自主地完成，当他们遇到困难解决不了时，交流就显得很重要。因此，求助他人，寻找资源，是一种至关重要的自学方法。

自我评估

你如何理解课堂上的学生自学？你在日常教学中曾经采取过哪些与学生自学有关的策略？你认为效果如何？请根据自己的实际情况，在

"是"或"否"后打钩。

1. 你认为你的学生基础薄弱并不适合自学。（是　　否）

2. 你认为"先学后教"只是一种过度理想化的理念。（是　　否）

3. 你认为最有效的教学手段仍是教师的"讲"。（是　　否）

4. 你从未要求学生预习或布置没有确定任务的预习。（是　　否）

5. 你从没有考虑过将自学作为核心环节来设计课堂教学。（是　　否）

6. 你暂时还没有把学习方法指导和学习习惯培养纳入备课内容。（是　　否）

7. 你不太注重对学生个人或小组学习成果的评价。（是　　否）

8. 你极少把自学环节的具体要求详尽地展示在课件中。（是　　否）

9. 你每次安排自学并没有清晰的任务和具体的时间要求。（是　　否）

10. 你对学生的自学能力持相对怀疑的态度，因而在学生自学过程中喜欢插话。（是　　否）

【计分方法】

各题答"是"计 1 分，"否"计 0 分。

你的自我评估得分为 _____ 分。

【评估结果】

课堂自学设计水平困扰度量表

分值区间	7—10	3—6	0—2
结论	困扰程度极为严重	困扰程度较为严重	困扰程度较小

【自我认定】

我的优势	
我的不足	
我的改进点	

7. 突破一个难点：注重有效合作

读完本篇，你应该能够回答下列问题：

提示

- 合作学习到底有什么价值？
- 如何有效组织合作学习？
- 合作学习中有哪些要避免的误区？

◎ 原理阐述

曾经有一位老师跟我探讨，他觉得自己的教学方式确确实实改变了，课堂上真的把自主权放给学生，组织学生合作、讨论、交流，气氛十分热闹。但令他困惑不解的是：一到练习或考试的时候，学生就错误百出或干脆不知所云。于是，他开始怀疑是不是自己的教学方法出了问题，还要不要将这种小组合作学习进行到底。

这位老师的困惑并非个别现象。有人说："合作学习就像一盒巧克力，谁也不知道打开之后，里边的口味究竟是怎样的。"我在与老师交流的过程中发现，大家对合作学习也是众说纷纭。有人认为，"团队的力量弥补了个人思考的缺陷""能够抵抗拖延""能够提升效率""促进学生的伙伴关系建设"等；但持怀疑态度的也不少，比如"太消耗时间""学生根本不会合作，学习停留在肤浅的层面""有人在合作过程中偷懒""对知识分歧太多，很多时候难以达成统一""评估小组学习结果不太好找标准"……

从这样的分歧中我们不难看出，真正优质的合作学习行为不会凭空发生。合作学习作为一种非常重要的学习方式，需要教师好好研究，从源头上厘清三个问题，从而找到有效的实施策略和操作指南：

- 为什么要进行合作学习？
- 什么是合作学习？
- 如何落实合作学习？

合作学习是 20 世纪 70 年代初在美国兴起的一种教学策略，目前已被广泛运用于美国、德国、荷兰、英国、澳大利亚、以色列、加拿大、日本等国的课堂教学，对提高教学质量、发展学生的合作精神起到了良好的作用。具体而言，其价值可以概括为以下几个方面：

一是培养合作素养。1996 年，经合组织（OECD）在报告中就表明："在未来社会的各个领域里，能够跟不同背景的人进行有效的合作。合作，是未来人才所需的核心素养之一。"如果能够在学校中就培养出学生扎实的合作素养，那么将有助于他们适应未来复杂多变的环境。合作学习无疑是这种素养培育的最佳途径。由 4~6 人组成的学习小组，要想在整个班级中取得优异成绩，就必须精诚合作，将个人融入小小的集体中，经过长时间历练，合作能力肯定会大大提高。

二是培养交往能力。小组合作学习是同学之间互教互学、彼此交流知识的过程，也是互爱互助、相互沟通情感的过程。此过程促进了学生交往能力的提高，使学生既能"忘情"投入，又能规范、约束自己的课堂行为。

三是培养创新精神。合作学习采用的是异质分组方式，每个学生的学习能力、学习兴趣、知识面宽度都不一致，因此，在学习的过程中，学生间、师生间的相互启发和讨论，都会将另一些同学的思维导向新的领域，出现新的视角，提出一些值得争论的问题。可以肯定，这样一个知识不断生成、不断建构、具有创造性的过程，要比传授教学更受学生欢迎。

四是培养竞争意识。合作学习将整个班级分为若干个小组，在问题的讨论与解决过程中，组与组之间不可避免地存在着竞争。班级可以看作社会的一个缩影，在这个小社会中培养出的竞争意识，对学生进入未来的大社会，无疑是大有裨益的。

五是培养平等观念。异质分组的方式，将不同学习能力、学习兴趣、性别、个性的学生分在同一组内，学生间相互启发、补充，共同进退，发挥各自所长，无高低好坏之分。其关系更平等，更民主，更有利于一个良好班集体的形成。

合作学习的代表人物斯莱文认为："合作学习是指使学生在小组中从事学习活动，并以他们小组的表现为依据获取奖励或认可的课堂教学技术。"从本质上讲，合作学习是一种结构化的、系统的学习策略，由2~6名能力各异的学生组成一个小组，以合作和互助的方式从事学习活动，共同完成小组学习目标，在促进每个人学习水平提高的前提下，完成学习任务。

那么，怎样的合作学习才真正有效？通常情况下，需具备以下五个要素：

一是编组方式合理。不能满足于简单按照人数均等或邻座组合的机械方式分组，在组建合作学习小组时，应当尽量保证一个小组内的学生各具特色，能够取长补短，形成小组成员间的异质、互补。

二是合作目标清晰。合作学习小组首先要有一个或若干个被全体组员所认同的目标，小组的共同目标将小组内部每一个成员的个人利益和小组的集体利益统一起来。为了达成一个共同的目标，小组内的每一个成员必须通过分工合作、资源共享、角色转换、集体奖励等手段创造和谐有效的学习环境和依赖关系。

三是个体责任明确。个体责任是所有成员都能从合作学习中受益的关键。明确个体责任的一般方式主要有：

- 保持团体的小规模。
- 小组成员中的每个角色都是不可或缺、不可替代的。
- 每人承担一个小任务，小组完成总任务的质量取决于每个小任务的完成质量。

- 随机提问小组中的任何一个成员，根据他的表现评价小组活动的质量。
- 采取一些个别测试手段。

四是成员相互促进。小组成员间要建立"同舟共济"的关系：组员成功，自己才能成功；自己成功，组员才能成功。为了达成小组目标，小组成员之间相互鼓励并积极促进。其具体特点是：

- 组员之间相互提供有用、高效的帮助。
- 在行动中表现出信任他人和值得他人信任的品质。
- 给其他成员提供反馈，以提高他们的学习成效。
- 对其他成员的结论和推理过程进行质疑，以增强其他成员对所考虑问题的思考深度。

五是善于小组自评。作为一个学习团队，学生能够通过自评方式，不断优化小组文化，提升小组的合作力、行动力、团结力。教师引导小组自评时，应鼓励小组抓住以下要点：

- 不断总结小组活动中成功的做法和经验。
- 对小组活动中存在的问题和原因进行分析。
- 对以后小组的发展方向和目标提出明确的要求。
- 对小组成员的职责、分工进行优化。
- 对小组成员合作的方法进行总结。

合作学习与传统教学形式并不是替代关系，而是互补关系。一般来说，比较简单的学习任务，只需每个人独立自学或进行全班教学即可。对于较复杂、综合的任务，教师可以引导学生采取不同的合作学习方式。要认识到，全班教学、小组合作学习和个人独立学习是三种基本的课堂组织方式，其作用难以取代，教师应根据不同的教学任务、学生状况以及教学条件和情境，具体问题具体分析，切忌千篇一律。

◎ 技术精解

掌握小组学习的指导重点

第一，教会学生倾听。学生普遍缺乏倾听意识，其他人发言时往往注意力不集中，忙于完成自己的事务；或者只重视小组的讨论，忽视小组汇报，没有足够的兴趣和注意力听取其他小组的探究成果，客观上造成教学效率的"低下"。倾听是对发言者的尊重，要引导学生时刻做到对其他同学的发言进行复述、归纳和评价，以此提高倾听的效果。学者陈燕在《课堂合作学习基本技能细则》中将"听取"作为合作学习中非常重要的一种能力，并对其具体行为特征进行界定：

▪ 听别人发言要专心，眼睛注视对方，以微笑、点头表示感兴趣或赞同。

▪ 努力听懂别人的发言，边听边想，记住要点，并考虑他说的话是否符合实际，有没有道理。

▪ 别人发言时不随便插嘴打断。有不同意见，要耐心听别人说完后再提出。

▪ 听人发言如有疑问，请对方解释说明时，说话要有礼貌，用上"是否请您"或"您是不是可以"。

▪ 学会站在对方立场考虑问题，体会别人的看法和感受。

第二，教会学生思考。在合作学习之前，教师要让学生先独立思考问题，每个学生有了初步想法后再进行探究、交流，共同解决问题。这样做给不爱动脑思考或学习有一定困难的学生提供了进步的机会，对提高这部分学生的学习能力是有帮助的。对于任何小组合作学习，教师都必须强调先独立思考。个人发展和自我成长的机会，很大程度上依赖于学生不同看法之间的相互碰撞，这需要个体进行独立思考。

第三，教会学生陈述。合作学习需要每个成员清楚地表达自己的想法，互相了解对方的观点，在此基础上才能合作探究问题。教师在教学中要有意识地提供机会让学生多表达自己的观点，掌握陈述的基本技术：

- 陈述自己将要讲的内容："今天我要跟大家分享的是……""我回答这个问题的方法是……"

- 引入自己的想法："我认为……""从我的角度来看……""这件事情对我来说非常重要，因为……"

- 给出例子或证据："例如……""数据显示……""我曾经遇到过这样的情况……"

- 对其他人的观点进行回应："我同意……的意见""虽然我同意这个观点，但我觉得……""虽然我听过这个解释，但我认为它不完全正确……"

- 总结自己的想法："所以，我认为我们应该……""在我的理解中，这就是……""……这就是我想要分享的。"

学生掌握了不同场景下的语言范式，有利于他们表达清晰，增加当众发言的勇气。一开始，学生可以在组长的带领下轮流表达，慢慢过渡到不用轮流说，而是乐于陈述自己的意见，修正他人的观点。

第四，教会学生质疑。小组合作学习时，如果人云亦云，不会质疑他人的观点，那对于问题的理解肯定是不透彻的，合作学习的效果肯定不理想。要学生学会质疑，就要学生不盲从所谓的优等生，能听出别人发言的观点、重点及错误，大胆提出疑问并希望有进一步的解释。

第五，教会学生组织。每次小组合作学习都要选定"小组长"。小组长负责安排合作内容的分工，保证每个成员都有参与机会，维持好纪律。为让所有人积极参加合作学习，小组长应实行轮流制。每个学生都要学会组织、主持小组学习，争做"代言人"向全班展示小组学习成果。

掌握合作学习的使用时机

浙江大学基础教育课程研究中心的盛群力老师认为，如果教学任务（或者学习内容）蕴含了下列因素，则应该优先采用合作学习方式：

■ 互动——教学任务是否强调师生之间、生生之间的交流沟通，以及彼此关爱理解、共同分享鉴赏等。当然，这里的互动不是一般课堂教学中常见的讲解提问等"继时互动"，而是要求生生之间讨论、展示、争辩、操作等"同时互动"。

■ 互助——教学任务是否包含了不同层次的要求，有可能产生一定的分化或理解、掌握上的屏障，会自然地形成求助与助人的需求。

■ 协同——教学任务是否只有经过小组成员责任分工、角色轮换，发挥自己的优势与吸取别人的长处相结合，集思广益、取长补短、协作共事、齐心协力才能完成。

■ 整合——教学任务是否体现了跨学科性、综合性和任务驱动性、项目式学习的特点，是否要求不同观点、不同材料、不同解题思路或方法的汇总综合，是否涉及去粗取精、由表及里、去伪存真、从特殊到一般的过程。

■ 求新——教学任务是否突出了学习者个人的独特感受与体验，是否要求生成别出心裁、与众不同的理解，是否求新、求异、求变，是否有较高的知识迁移性质。

■ 辨析——教学内容是否需要经过争辩、探讨、质疑，在独立思考的基础上交换意见，在相互磨合中坚持自己合理的想法，同时也吸收别人好的创意。

■ 评判——教学任务是否涉及较多的价值判断和选择，是否有多种决策路径可供选择，是否需权衡利弊得失。

■ 表现——教学任务是否要求学生充分展示、表露或"外化"已经学到的东西，是否以群体业绩表现、以任务整合或项目调研的成果方式来衡量考评。

掌握学习小组建设的方法

教师要充分了解学生，综合学生的性格特长和学习能力等因素进行合理分组，从而达到小组之间公平竞争的目的。

第一，综合评定，合理归类。为了小组成员之间优势互补，均衡小组之间的实力，小组成员各方面要保持合理的差异，突出它的异质性，即遵循"异质同组、组间同质"的原则。教师在组建小组前，首先把全班学生按照学习能力分为三大组（好、中、差），再综合评定每个大组成员的特长，如有善于组织的，有善于思考的，有善于表达的，等等，做到心中有数，为下一步将他们派往合作小组作好准备。

第二，人数合理，均衡搭配。在分好了大组和综合评定学生能力特长之后，下一步要做的就是划分小组。为了让每个学生都拥有发展的机会，教师可从分好的三大组学生中，根据学习小组的需要和学生的特长，选择一两名优等生、一两名中等生、一名后进生，派往4~6人的学习小组。学习小组之间的实力不能有明显的差距。教师可以引导每个小组起好组名，如"扬帆小组""向日葵小组"等。每个小组的成员要按能力特长编个代号，例如1号、2号、3号、4号等。这样便于指定同一层次的学生代表小组发言，激发学生参与的兴趣。

第三，明确分工，确定职责。小组成员已经确定，每个成员都有了代号，接下来就要根据学生的特长合理分工，确定小组成员的职责。每个人在组内有不同的角色，承担着不同的职责。如1号组织讨论，2号集中观点，3号负责汇报，4号负责记录，5号负责补充等。而且，要不定期地互换角色，保证每个学生的各个方面都能得到发展。也可以将组内成员划分为组长、组织员、记录员、检查员、监督员、报告员等，赋予他们不同的职责。

角色	主要职责
组长	领导小组活动，进行小组分工，确保任务完成
组织员	按照预定程序提示行动步骤，激励每个成员参与活动
记录员	分发资料，记录学习过程和成果
检查员	依据预定的学习标准，检查成员学习情况
监督员	监督本组和其他小组任务执行和评价情况
报告员	负责代表小组进行成果汇报

第四，遴选组长，作好培训。采取公投、指认、自荐、推荐等方式，选择学习小组组长，加强培训，明确组长责任，根据课堂活动的不同阶段，明确不同要求。要定期召开组长会议，相互交流经验，增强管理意识。小组长的管理职责重点如下：

■ 课前看组员的作业预习情况，可根据师生共同商议的标准划分优、良、中、差的等级。

■ 任务分配合理。谁是主展示人，谁补充，谁总结，谁记录，合理分配，确保人人有事做。

■ 熟悉小组合作学习的流程。精准地把握学习时间，确保小组成员在适当的时间干恰当的事，不说无关的话题。

■ 及时组织本组成员展开讨论和结束讨论。必要时，要阻止小组成员不规范的言行。

■ 要自信心十足，回答问题声音洪亮，起带头作用。

■ 在课堂上要清楚小组成员对知识的掌握程度，在让同学板演、回答提问、交流发言方面，作好调控，要有针对性，不要只让学优生参与。

第五，提炼文化，凝聚力量。由组长组织成员讨论和制定有特色的组名、组徽、口号、组歌、组训、组规等，并制作成小组文化标识牌，激励每一个组员。在设计组名时，应依据学校文化主题或办学特色，以及班级文化主题和班级特色，引领学生起一个积极向上、富有创意、新颖别致的名字，打造团队凝聚力和向心力。

掌握小组学习中评价的方法

在小组合作学习过程中，不能只由着学生讨论，教师也要参与进来，巡视、倾听，了解学生是否抓住了重点，对于游离问题的话题及时引导，以回归正题，并给予合理的指导与评价，以防小组合作学习的表面化、形式化。

■ 对于讨论的结果，教师要抓住重点，及时给予评价和反馈，让学生知道正确的答案。教师对学生的问题要进行整合，对得出的结论作出精练的总结。

■ 设计的问题具有启发性和层次性，以适应不同基础的学生。要保护基础差的学生的自尊心，对他们可以降低要求，只要能积极参与，哪怕完成得不是很好，纠正后都要给予评价和表扬。

■ 尽量给予学生充分的讨论时间和发言机会，让每一名学生都有机会表达。讨论结束后，教师尽量对每个学生的表现作出评价反馈，对学生进行鼓励表扬，从而增强学生学习的信心，提升学习效率。

掌握合作问题的设置思路

合作学习中，学生要学习和掌握的内容通常是以问题讨论的形式出现的。因此，教师要善于将所学知识转化为能讨论的问题，确保合作学习的效果。一般来讲，设计讨论问题时应注意如下几点：

■ 抓住学生兴趣和参与欲，保持问题的相对开放性。

■ 数量要适度，不宜太多，更不能太散，避免随意设题。

■ 难易要适度，遵循"难度大于个人能力、小于小组合力"的原则。

■ 要有一定的梯度和层次。

■ 问题之间要有一定的内在联系和逻辑性，以保证所学知识的完整和系统。

■ 问题要有的放矢，能够引起学生思考、讨论、争辩，从而提高学生分析问题、解决问题的能力。

◎ 逾越误区

优生发言"理所当然"

从众心理往往使部分学生在讨论过程中弱化了独立思考的能力，过分盲从于学优生的观点，滥竽充数，失去了锻炼自身思维品质的机会。这是由教师的"一言堂"演变为尖子生的"一言堂"，危害的本质是相同的。从教学实践看，小组中基础较差的学生，往往沦为学习中的"弱势群体"，进而形成缺乏主见、人云亦云的性格缺陷。可以采取如下解决策略：

- 讨论在每个学生独立思考之后才能进行。
- 建立小组成员"随机汇报制"。
- 剥夺小组优生"发言人"的特权。
- 对"差生"缺陷建立"小组补充制"。
- 将个人表现与小组表现"捆绑"。

活动无法"恰如其分"

对于什么时候应该合作，什么时候应该独立学习，教师心中无数，浪费了宝贵的课堂时间。合作学习不是唯一的学习方式，学习方式是由学习内容决定的。学生通过自学能够独立解决的问题就没有必要进行合作学习。只有学生"最近发展区"内的问题，才有合作的必要和价值。所以，教师要学习课标，钻研教材，这样才能结合学生实际，根据教学内容恰当安排合作学习的时间和问题。

学生自主学习的能力建立不牢，合作学习的基础则不稳。合作学习有两种情况：一种是学生合作无话可说；另一种是学生都说自己的，不听别人的意见和见解。对于前者，教师要通过教给学生自主学习的方法和技能来克服。只有学生会自学了，交流才有可能发生。对于后者，则需要教师对学生进行培训和学生在实践中进行体验才能解决。学生掌握了合作的基本技术，才能真正开展合作学习。

学生组织"貌合神离"

要杜绝"随意成组"的做法。在听课过程中，我经常看到，需要合作学习时，教师让第一排学生反坐和第二排学生凑成一组，第三排学生反坐和第四排学生凑成一组，依次类推，组成若干组。从表面上看，这实施了小组合作学习，但就实质而言，缺乏组织建设，这样的小组学习"有形无实"，做不到"组内异质、组间同质"，缺乏合理分工，虽有小组之形，却无法实现真正的合作学习。

小组活动"无的放矢"

一是组内没有明确目标。为活动而活动，组长的职责是什么，带领组内成员干什么，组内成员怎么做，任务不清，方向不明，各行其是，没有效果。在课堂上，学生必须围绕问题进行自学，把独立学习中形成的看法讲出来，和同学一起交流、讨论，直到达成相近的意见。这样，小组成员才能在合作学习中体现自己的价值，同时，了解其他成员的认识，加深自己的理解。

二是学生没有合作欲望。虽然有小组形式，但回答问题时，教师还是叫某某同学回答，没有让小组推荐代表，大多学生的积极性没有得到有效调动。小组合作学习，组内同学通过对问题的学习、认识、讨论，形成共识，这是小组集体学习的成果。教师让小组成员回答问题，以小组为单位评价，能充分调动组内学生学习的积极性，每个人都能积极思考，踊跃发表自己的见解，并帮助学习程度弱的学生学习，使每个学生都得到发展，形成一个团结、协作的集体，集体成员之间荣辱与共。

三是小组没有竞争态势。教师只注意了组内的合作，忽视了组间的竞争。学生的学习、思考、讨论没有发挥到极致。合作学习强调"组内合作，组间竞争"，即组内经过协作把问题搞明白，组间通过竞争分享学习成果，借此增强学生的时间意识、效率意识，以便在有限的时间内掌握知识。

小组成员"浑水摸鱼"

合作学习提出的个体责任是指每个学生都必须承担一定的学习任务。个体责任通常是通过评估每个学生的表现来体现的，还会将评估结果反馈给个人和小组，使每个学生对小组的成功负有不可推卸的责任。通过评估反馈情况，我们还可以知道，在完成任务的过程中，谁需要进一步的帮助、支持和鼓励，并让学生认识到不劳而获的"搭便车"行为是不恰当的。可以尝试以下措施：

- 小组规模越小，个体责任就越大。
- 以各种方式测试每个学生。
- 随机抽取一名学生让他汇报所在小组学习的情况。
- 观察每个小组，并记录每个小组成员对小组任务的贡献频率。
- 向每个小组委派一名检查员，让其他小组成员解释他们小组答案的得出过程。
- 让学生将其所学教给其他成员。

片面理解"合作内涵"

有的老师把课堂小组活动当作合作的唯一方式，忽视了学生课前、课后的合作。课堂40分钟是有限的，学生难以全部完成合作学习任务，如搜集相关学习资料、调查生活和社会发展情况、对课堂教学中存在问题的深入研究，都必须采取合作与独立完成相结合的方式，将合作延伸至课堂之外、学校之外，更有助于合作精神和独立思考习惯的完美融合。

自我评估

你在教学中通常采取哪些合作学习方式？你如何打造学生学习小组？你有哪些成功之处，又面临怎样的困惑呢？请根据自己的实际情况，在"是"或"否"后打钩。

1. 你觉得合作学习"耗时耗力"，不如教师讲解更加便捷、有效。（是　否）

2. 你觉得合作学习的价值主要是帮学生提高学习效率。（是　否）

3. 你在课堂上还没有精心编排相对固定的学习小组。（是　否）

4. 你的学习小组未设置组长或设置了组长职务但从未对组长开展各种方式的培训。（是　　否）

5. 你没有对学生在课堂当中倾听他人发言作专门指导或提出学习规范的要求。（是　　否）

6. 你没有引导学生建立相关的小组文化，也未围绕小组文化建设组织相关的评比活动。（是　　否）

7. 你常常感到学生在合作学习中热情不够。（是　　否）

8. 课堂合作之后，往往是优生代表小组发言。（是　　否）

9. 课堂合作成果陈述过程中，极少安排组间互评。（是　　否）

10. 你从未组织过优秀学习小组的评选活动和经验交流活动。（是　　否）

【计分方法】

各题答"是"计 1 分，"否"计 0 分。

你的自我评估得分为 ＿＿＿＿ 分。

【评估结果】

合作学习困扰度量表

分值区间	7—10	3—6	0—2
结论	困扰程度极为严重	困扰程度较为严重	困扰程度较小

【自我认定】

我的优势	
我的不足	
我的改进点	

8. 打通一种联系：巧妙设置情境

读完本篇，你应该能够回答下列问题：

提示
- 情境教学有什么意义和价值？
- 设置有效的教学情境有哪些基本策略？
- 设置教学情境应避免进入哪些误区？

◎ 原理阐述

在某校集体备课活动中，谈到一个重难点的解决方法时，主备教师提出，大家商量一下要创设一个什么情境来展开教学。一位年轻教师不解地说道："我觉得花很多时间和精力讨论这个问题意义不大吧？教育教学主要就是服务于考试，只要讲清楚这个知识点，加上反复训练，指导好解题技巧，学生会熟练做题，不就可以了吗？教学内容这么多，课时本来就紧张，非要挖空心思搞什么情境教学，我觉得费时费力，得不偿失。"教师们一时沉默了，似乎若有所思。

这是一个来自教学一线的真实案例。这位年轻教师基于时间紧、任务重的教学现实和自己对教学价值的理解，提出了"高效"处理教学内容的建议，似乎无可厚非。但这种将设置教学情境当作"无用功"，要尽可能摒弃的选择，真的正确吗？

答案是否定的。不能把为考试而教学和真正的教学等同起来。这位年轻教师显然没有认识到教育教学活动设计的系统性，以及情境创设在教育教学中的意义。

加涅说，"教学设计是一个系统化规划教学系统的过程"。具体来说，教学设计是将教与学的原理转化为教学材料与教学活动的方案的系统化计划过程，是一种运用已知的教学规律创造性地去解决教学问题的过程。所以，教学设计当中任何一个环节都会对教育教学结果和教学目标的实现产生影响。这位年轻教师高度重视知识教学，而忽略了对学生能力、情感等素养的培育，陷入了功利主义的误区，对学生主体作用的发挥显然是很不利的。

情境教学，是指在教学过程中，教师根据教育教学理论和教学实践，创设教学情境或者发掘学生的教学资源创设情境，设置矛盾，激活学生思维，引导学生在学习过程中积极思考、讨论、合作、交流、共同探究，从而实现学生积极主动学习的一种教学模式。

课堂教学事实表明：只有当学生被教师设计的课堂情境所感染，或思维进入预定的情境之中时，才能取得预期的效果。

情境教学到底有什么意义？不妨打一个比方：将 15 克盐放在你的面前，无论如何你都难以下咽。但如果将盐放入一锅汤中，你就会在享受美味的过程中，不知不觉吸收了盐。情境之于知识，犹如汤之于盐。盐需溶于汤中，才能被吸收；知识需要融入情境之中，才能显示出活力和美感。可见在教学中创设情境的重要性。

无疑，恰切的"情境"架起了一座直观到抽象、感性到理性、教材到生活的桥梁。其意义有以下几点：

第一，学习的过程不只是被动地接收信息，更是理解信息、加工信息、主动建构知识的过程。这种建构过程需要通过新旧经验的相互作用来实现，适宜的情境可以帮助学生重温旧经验、获得新经验，提供丰富的学习素材和信息，有利于学生体验知识的发生和发展过程，让学生主动地探究、发散地思考，从而促进其认知能力、思维能力的发展。

第二，适宜的教学情境不但可以提供生动、丰富的学习材料，还可以提供在实践中应用知识的机会，促进知识、技能与体验的连接，促进课内向课外的迁移，让学生在生动的应用和活动中理解所学的知识，了解问题的前因后果和来龙去脉，进一步认识知识的本质，灵活地运用所学的知识去解决实际问题，增长才干。

第三，适宜的情境可以激发学习的兴趣和愿望，促进学生情感的发展，对教学过程起导引、定向、支持、调节和控制的作用。

可见，教学情境是情感环境、认知环境和行为环境等因素的综合体，好的教学情境总是有着丰富和生动的内容，不但有利于学生全面发展，也有利于学生个性的发展。教师在课堂中运用情境教学方式，可以创设良好的教学氛围，提高教学效率，改善教学质量。

那么，创设情境要注意些什么呢？作为教师，我们要准确把握情境教学的内涵，设置有价值、有意义的教学情境。一般来说，适切的教学情境通常具有以下特征：

一是紧扣教学内容。教学情境必须为教学内容服务，围绕教学内容和教学目标来设计，不能游离于教学内容。要实现内容和形式的统一，使情境为学生知识的获取、思维的发展提供良性土壤。

二是符合认知规律。美国著名的教育心理学家奥苏伯尔有一段经典的论述："影响学习的唯一最重要的因素就是学生已经知道了什么，要探明这一点，并应据此进行教学。"这段话道出了"学生原有的知识和经验是教学活动的起点"这样一个教学理念。不同的学段应创设和学生的心理认知、生活阅历协调一致的情境。

三是展示生活原型。情境创设的生活性，其实质是要解决生活世界与学科世界的关系。因此，教学要紧密联系学生的生活实际，从学生的生活经验和已有知识出发，在学生鲜活的日常生活环境中发现、挖掘教学情境的资源。

四是体现直观形象。课堂中所创设的教学情境，首先应该是感性的、可见的、摸得着的，能有效地丰富学生的感性认识，并促进感性认识向理性认识的转化和升华。其次，应该是形象的、具体的，能有效地刺激和激发学生的想象和联想，使学生能够超越个人狭隘的经验范围和时间、空间的限制，既能让学生获得更多的知识，又能促使学生形象思维与抽象思维互动发展。

五是彰显问题思考。教学活动中，要依据教学内容设计出富有趣味性、探索性、适应性、新颖性和开放性的情境性问题，为学生提供适当的指导，通过精心设置支架，巧妙地将学习目标任务置于学生的"最近发展区"，让学生产生认知困惑，引起反思，形成必要的认知冲突，从而促成对新知识的建构。

六是渗透情感价值。教学不仅要关注知识与技能、过程与方法，还要关注学生的情感态度与价值观。情境创设的材料与活动应尽量新颖有趣，这样能有效地激发学生的学习动机，唤起学生强烈的情感体验。

综上所述，通过情境教学来调动学生思维的参与，教师能激发其内在的动力，让学生达到既掌握知识、训练思维，又激发兴趣的目的，使课堂教学成效更加显著。

◎ 技术精解

扎实的生活情境：开掘源头活水

学习本就是一个从生活中来到生活中去的过程，教师可以为学生设置一些生活化情境，激发学生的学习灵感，让学生学会在生活中认识问题、解决问题。比如：

著名小学数学教学法专家邱学华与一位小学教师交谈时，这位教师不停地埋怨自己教的学生"笨得像石头"。邱学华让他请个"笨得像石头"一样的学生来。学生来了，邱学华笑眯眯地说："今天不让你做题，你能帮我办件事吗？"说着拿出两角钱，请他去买两本作业本、两支铅笔，而且要便宜的。孩子高高兴兴地跑了，一会儿就买来了本子和铅笔，还找回了4分钱。

谁知，邱老师说少了1分钱，孩子着急地申辩说："本子一本5分，二五得十；铅笔一支3分，二三得六；两角减去1角6分，还剩4分，怎么不对呢？"不料，他刚说完，邱老师高兴地笑了。学生走后，邱老师对那位教师说："你看他多聪明呀，在实际生活中能解答复杂的多步计算应用题，而且还带着小括号呢！"这个"笨"学生之所以能解答这种复杂的多步计算应用题，正是因为他有"实际生活"作为认知停靠点。

多彩的表演情境：感悟虚拟人生

苏霍姆林斯基说："从本质上讲，儿童个个都是天生的艺术家。"儿童不仅具有潜在的表演天赋，而且还有着爱表演的个性特征。以表演的方式设置教学情境，教师能够有效地调动并发挥儿童的积极性和创造性。比如：

一位教师教学《守株待兔》，很快就教完了，可学生并不理解其寓意。这时教师灵机一动，扮成守株待兔者，倚在黑板下，闭目打坐，让学生"劝"自己。学生兴致倍增，纷纷劝起老师来："老师，你等不到兔子啦！""老师，再等下去你会饿死的！"……教师还模仿守株待兔者的口吻和学生争辩。学生越劝说，兴致越高，就越深刻地理解了这篇寓言的意思。

丰富的活动情境：感性衍生理性

建构主义认为，学科知识、思想和方法，不应是通过教师的传授获得，而是学生在一定情境下借助教师的引导，通过自身有意义的学习活动而主动获得的。因此，在课堂教学中，要努力创设一些有意义的教学情境，使学生最大限度地参与到探究新知识的活动中，通过自己动手、动口、动脑等实践活动，由感性认知向理性认知转变，最终达到知识与能力的协同发展。比如：

一位教师执教《三角形的内角和》一课，首先让学生用量的方法探究三角形的内角和是多少。通过动手量，学生大胆猜测"三角形的内角和大约是180度"。之后，教师又组织学生小组合作验证，采取了折、拼、剪等多种方法再次探究。最后，学生自主发现"三角形的内角和就是180度"。这节课上，教师充分调动了学生的多种感官，让他们真正地动手、动脑、动口，积极地参与数学学习的全过程，变"学数学"为"做数学"。

躬身的操作情境：无声胜似有声

陶行知先生说："行动是老子，知识是儿子，创造是孙子。"学生在实践操作过程中不但可以获得知识与技能，还可以发展探究与思辨能力，这是通过讲解或演示所不能替代的。身临其境的操作，可以把许多抽象的事物变得具体而形象。比如：

在学习了同位角、内错角、同旁内角的概念及特征后，教师先示范同位角的手势，要求左右两只食指在同一直线上，两只拇指尽量伸直，指出两只食指叠在一直线上的这条线叫截线。接着，让学生同桌合作进行操作练习：在同一平面内，用两只手的拇指和食指构成同位角、内错角、同旁内角，要求一人拼图一人描述（指出截线、被截线，哪两个角成什么关系）；然后再让两组学生起身示范，另外两组指正，做完后两组调换。

生动的问题情境：兴趣诱发动力

兴趣是学生学习最好的老师。教师在教学中根据学生所具有的特点设置相应的问题情境，能有效激发学生的学习兴趣，促使其在问题的驱动下深入学习。比如：

在教学《只有一个地球》这篇课文时，教师要求学生通过对课文的学习认识到保护环境的重要性。学生对地球既熟悉又陌生，因此，教师设计谜语导入法来引入新课："不用发动一直转，春夏秋冬自己变。坐地日行八万里，满载人类千千万。"学生很快就能猜出答案——地球。借助这种方式，教师能够很快激发学生学习的兴趣。教师随后板书课题"只有一个地球"，接着让学生读课题并进行思考。同时，设计PPT，再现地球环境，结合课文内容进行情境教学。最后，教师要求学生结合自身所了解到的地球环境状况，进行环保标语设计，以此让学生更好地理解这篇课文所表达的思想。

动感的视听情境：无形化为有形

教师根据实际教学内容，合理利用多媒体设备，创设动感的视听情境，于潜移默化中渗透教学内容。比如：

当学生在学习小学三年级数学课本中的"位置与方向（一）"时，教师在课堂上就可以借助多媒体技术向学生详细讲解位置与方向的知识，为学生营造出一个良好的学习氛围，实现情境教学。位置与方向的知识本来就比较抽象，如果学生不能理解位置和方向的变化，就非常容易在学习时陷入死循环。为了让学生更好地理解其中的知识，教师可以收集一些图片、视频等素材制作成 PPT，帮助学生理清解决问题的思路，培养学生自我解决问题的能力。

◎ 逾越误区

"情境设置"脱离生活实际

在真实的问题情境中运用知识解决问题，可以较为合理地达成教学的预期目的。然而在实际教学中，有些教师创设的问题情境脱离生活常识，走入了情境失真的误区。比如：

教学《长方形面积计算》时，教师设计了一个情境："一块长方形玻璃打碎了，要想配上新玻璃，该带哪一块去？"事实上，我们去买玻璃需要带一块大玻璃吗？当然不要。有位教师在教学《几和第几》时，创设了一个动物跑步竞赛的动画情境，结果是小鸡第一，小鸭第二，小猫第三，小狗第四，很多同学当即表示不同意，认为小狗跑得最快，应该小狗第一。

虽然这是假设的情境，但"虚拟"不等于"虚假"，虚拟的情境也应该符合起码的生活逻辑。只有在符合逻辑的问题情境中提出的问题才具有挑战性与针对性，对问题的解决才更能显示出价值和现实意义。因此，教师可以在学生的日常生活环境中发现并深度挖掘问题情境的资源，设法引领学生将概念意识与他们已有的经验建立起新的逻辑关系。

"情境设置"偏离教学目标

经常看到某些教师为了追求情境创设的效果而使用大量的多媒体图片、视频，经过好长一段时间，才创设出一个情境，浪费太多的时间和精力，往往得不偿失。有的时候，某些教师设计的情境没有紧扣本课的教学重点，虽然有了情境，可是却难以为教学目标服务。

比如，语文课上，教师设定了"学生能够准确理解和运用诗歌中的修辞手法"的教学目标。教师进行情境设置：在课堂上进行一场朗诵比赛，提供题材、时间、地点和评委。评委根据朗诵者的语音表现、情感把控和现场反应等打分。这样的情境虽然能够激发学生参与的积极性，但它实际上是一场语言艺术的表演，关注的是朗诵者的表现而非修辞手法的理解和运用，因此并没有直接帮助学生达成学习目标。

再比如，数学课上，教学目标定位为"学生能够熟练运用三角函数的相关知识解决实际问题"。为此，老师在课堂上组织了一个角度测量器的搭建比赛，提供器材和搭建指南，对竞赛获胜者给予奖励。这样的情境虽然有创意和趣味，但并没有直接涉及三角函数相关知识的理解和运用，只是单纯地强调器材的搭建和竞赛结果，因此并没有达成学习目标。

"情境设置"囿于导入环节

很多老师只喜欢在课堂导入的时候使用情境创设，他们觉得在上课一开始，让学生开开眼界，激起学习兴趣，引出新知识就算完成了任务。的确，在导入环节，创设情境能够起到引起注意和激发动机的作用，但情境的创设不应该局限于导入环节，而应该在各个环节都有所体现。

教师要把情境的创设贯穿于整个课堂，从一开始的导入到最后的总结，步步设置情境，从情境中提出任务。每一个环节的情境都是前一环节的延续，每一个任务的提出都是在上一个任务完成的情况下进行一定的提升。

这样，我们的教学设计单位就从"一个一个知识点"转向"在什么情境下运用什么知识解决什么问题或完成什么任务"，以学科核心素养为目标，以"大任务、大观念、大问题、大项目"的名义来组织或结构化要学的知识、技能、问题、情境、活动、评价等，使之成为一个完整的学习故事或事件。

"情境设置"忽略设疑价值

用设疑的方式设置情境是一种常见的情境设置方式，但如果疑问本身不具备价值，不能引发学生的思考，那就成了假问题。

在《梯形面积的计算》一课中，教师教学梯形面积的推导公式时，有如下教学片段：

师：我们可以把梯形转化成什么图形来探索它的面积计算公式？

生：已学的图形。

师：请拿出两个完全一样的梯形拼一拼，你发现了什么？

（学生操作发现拼成了平行四边形，合作讨论梯形与拼成的平行四边形之间的联系。）

学生在日常生活中对拼图已具有丰富的经验，在平行四边形、三角形面积计算公式的推导中，也具有了推导面积公式的基础，但这不是全面、系统的，而是零碎的。教学中，教师示意让学生拿出"两个完全一样的梯形来拼"，学生也就顺利地探索出了结果，整个教学过程比较顺利。

但这是真的探索吗？"用两个完全一样的梯形来拼"好像是理所当然的，因为教材就是这样安排的。但怎么一开始就知道要"用两个完全一样的梯形来拼成一个平行四边形"呢？这是怎么想到的？学生并不知道。这就使他们在认知上形成了一块空白，我们的探究也就成了一个空壳，有形而无实。看起来是问题，却没有激发学生思维的功能。因此，这是一个典型的假问题情境，没有达到在情境中设疑的目的。

"情境设置"过于枯燥乏味

在课堂中，有的老师创设的情境不符合学生的心理和生理特点以及认知基础，缺乏真实感受，也缺乏思维的挑战性，因此不能激起学生的兴趣，削弱了情境教学吸引学生注意力和激发动机的功能。

有信息技术老师上《主题网站设计》一课，一上来就介绍了很多用来开发网站的语言，学生对这些程序语言可以说毫无概念可讲，老师说再多，也是对牛弹琴，因为不符合学生的实际，丝毫不能调动学习积极性。

"情境设置"一味追求热闹

有的老师善于用多媒体手段来营造氛围，上课放电影、放视频，找到大量的照片、图片，并将它们堆砌在一起，以为这样就能营造出教学情境来。还有的老师很少考虑到解决不同问题的必要背景，也不考虑学生思考问题的心理因素，一节课呈现的情境像连珠炮似的一个接一个，有时多达十几个，不分主次地进行"情境轰炸"，使学生失去了科学思维和探究所需要的时间与空间，削弱了对问题情境中知识的关注，思维变得混乱。

其实，并不是每节课都需要创设问题情境，也不是每节课都适合用此种教学方法。创设问题情境的出发点和归宿都要与学习任务有机结合，逐渐启发和引导学生在教师精心设置的问题情境中主动发现问题、提出问题、解决问题。因此，要警惕情境泛化的问题，坚决避免创设与学习任务不相符的问题情境。

"情境设置"替代实验操作

创设情境一味注重使用多媒体，以致忽略了学生内在的发展需要。创设情境不只局限于多媒体，语言、实物操作、游戏甚至教师的手势、体态，都能成为一种情境。更重要的是，并不是所有的情境都适用于多媒体。

教学《圆锥的体积》一课时，某位教师借多媒体电脑生动地演示用等底等高的圆锥杯向圆柱杯中三次倒水，恰好倒满的过程。如果这里先让学生亲自动手试一试，学生理解会更加深刻。可惜的是，多媒体的使用，替代了学生的亲身体验，结果只能隔靴搔痒。

自我评估

你是否对情境教学的价值有了深刻理解？你能否创设适切的课堂教学情境？请根据自己的实际情况，在"是"或"否"后打钩。

1. 你在备课过程中极少把情境设置作为重点来思考，也较少采用设置情境的方式进行教学。（是　　否）

2. 你还不能清晰地说出情境教学的意义和价值。（是　　否）

3. 你认为情境教学主要是为了课堂上烘托气氛。（是　　否）

4. 你不太习惯使用教具、学具来进行教学。（是　　否）

5. 你暂时还不能较为准确地说出课堂中情境设置的一些基本形式。（是　　否）

6. 你从未在课堂上采用过表演等方式进行教学。（是　　否）

7. 你很少有意识地让学生利用课上学到的知识来尝试解决生活中的现实问题。（是　　否）

8. 你在课堂中设置的情境通常用于教学导入环节。（是　　否）

9. 你把"热闹""有氛围""有兴趣"当作设置情境的主要目的。（是　　否）

10. 你喜欢用直观的多媒体手段来替代应有的演示实验、分组实验。（是　　否）

【计分方法】

各题答"是"计 1 分，"否"计 0 分。

你的自我评估得分为 _____ 分。

【评估结果】

情境教学困扰度量表

分值区间	7—10	3—6	0—2
结论	困扰程度极为严重	困扰程度较为严重	困扰程度较小

【自我认定】

我的优势	
我的不足	
我的改进点	

9. 达成一种目的：实现有效迁移

提示

读完本篇，你应该能够回答下列问题：

● 什么是"有效迁移"？"有效迁移"有何价值？

● 实现"有效迁移"的技术要领有哪些？

● 怎样有效获得"正向迁移"的教学效果？

◎ 原理阐述

常常听到老师们抱怨：这次考试的题目，明明曾经做过，只是数据或者条件稍微发生了点变化，学生怎么就糊涂了呢？为什么这种题型我已经反反复复讲过几次，再遇到，学生还是不会呢？

这种现象背后的原因到底是什么呢？大部分情况下，这是学生的知识和能力没有形成有效迁移，因此做不到"举一反三"、融会贯通。换句话，这也可以说学生没有真正"学会"。

下面我们来了解一下学习迁移的相关知识和操作策略。

学习迁移指一种学习对另一种学习的影响，即在一种情境下，知识、技能、态度的获得对另一种情境中知识、技能、态度获得的影响。

建构主义的迁移观认为，所谓学习迁移，实际上就是认知结构在新条件下的重新建构。这种建构性的学习强调旨在使学习者形成对知识的深刻理解。

简单理解，真正有效的学习其实就是原有经验的有效迁移。我们去观察那些学习能力很强的学生，他们除了学习态度积极之外，往往就是迁移能力强，因此能取得相应的学习效果。

学习迁移存在于知识和技能的学习中。比如，学生利用所学加减法以及四则运算的知识去学习代数或解决实际生活中的运算问题，学习了数学的基础知识有助于理解物理学和化学中的一些数量关系与方程式，这些都属于认知方面发生的迁移。学会拉二胡的人，学拉小提琴就比较容易上手，棒球选手打高尔夫球也会打出高水平，一个掌握数学中因式分解技巧的学生作答任何因式分解题都显得游刃有余。这些主要是技能学习领域的迁移。

态度与行为规范方面的迁移在日常生活中也是普遍存在的。如在家爱好劳动的学生，在学校里也比较勤快；一个不喜欢某位老师的学生，在多次得到该老师无微不至的关心和帮助之后，态度发生改变，不仅对该老师产生好感，而且喜欢上这位老师所教授的学科。这属于态度与行为规范方面的迁移现象。

在各种知识与技能的学习中，常常有这样的情况：加强听、说训练，就能更快地提高读、写能力；掌握的外语词汇越丰富，越能促进外语阅读技能的提高，阅读技能的提高反过来又可以促进更多外语词汇的掌握。这种知识、技能与能力之间存在的相互迁移现象，说明迁移不仅存在于某种经验内部，也存在于不同的经验之间。通过迁移，人们的各种经验得以整合，并发挥更大的作用。可以说，正是由于迁移的作用，几乎所有的习得经验都以各种方式联系起来。

凡是有学习的地方就会有迁移，从来不存在相互间不产生影响的学习。学习迁移通常有如下作用：

第一，迁移能力直接影响着学习者学习的进程与效率。如果某人在某一学科获得的某种知识、技能或态度能够被运用于其他学科或校外生活的情境，那么他就可以借助已经获得的知识、技能举一反三地再造或创造出新的经验或成果，学习过程就会加快。从这个意义上来说，迁移是一种重要的学习能力。

第二，迁移能力有助于提高解决问题的能力。迁移是知识掌握过渡到能力形成的重要环节。对于学习者来说，学习的最终目的是把在学习过程中积累起来的方法和知识迁移到对新知识的理解和应用上来，把学到的知识运用到各种不同的实际情境中，解决现实中的各种问题，从而形成解决问题的能力。能否准确、有效地提取有关经验来理解新知识，解决新问题，这实际上就是一个迁移的问题。在学校情境中，大部分问题的解决是通过迁移来实现的，迁移是学生解决问题的一种具体体现。要将校内所学的知识技能用于解决校外的现实问题，这同样也依赖于迁移。学习者要培养和提高解决问题的能力，就必须从迁移能力的培养入手，否则问题解决也就成为空谈。

根据迁移的影响效果，可以把迁移分为正迁移与负迁移。

正迁移指一种学习对另一种学习起到积极的促进作用。通常有以下表现：

- 一种学习使另一种学习具有了良好的心理准备状态，活动所需的时间或练习次数减少。
- 一种学习使另一种学习的深度增加，单位时间内的学习量增加。
- 已经具有的知识经验使学习者顺利地解决了面临的问题。

正迁移常常在两个学习内容相似、过程相同或使用同一原理时发生。如方程式知识的学习有助于不等式知识的学习，小学数学的学习促进了中学代数的学习，数学知识的学习有利于物理中有关计算问题的解决，阅读技能的掌握有助于写作技能的形成，学习素描会对以后学习油画产生积极影响等，这都是正迁移。

负迁移一般是指一种学习对另一种学习起干扰或抑制作用，通常表现为一种学习使另一种学习所需的时间或练习次数增加，或阻碍另一种学习的顺利进行以及知识的正确掌握。发生这种迁移，会使另一种学习更加困难，错误增加。如学习汉语拼音会干扰英文国际音标的学习；语文学习不能区分一字多义、一字多音；在数学学科进行负数运算时错误使用正数的规则；学会骑三轮车会对学习骑自行车产生消极影响。上述两种学习之间的相互干扰、阻碍作用均属于负迁移。

这给我们的教学带来了重要启示。教师不仅要教给学生各种知识，更重要的是遵循促进学习正迁移的教学原则，教会学生运用多种学习方法，提高学习能力，充分体现"为迁移而教"，促进学生对所学新知识的迁移与运用。教师还要自觉利用迁移规律进行教学设计，改进教学方法，合理组织与安排教学活动，以促进学习的正迁移，提高教学工作效率。

◎ **技术精解**

强调归纳概括能力的培养

苏联心理学家鲁宾斯基主张，迁移的基础在于概括。学习的迁移过程，主要是要求学习者依据已有的经验去辨认当前的新问题，把当前的课题纳入到已有经验的系统中去，实现知识、技能的同化或顺应，从而实现迁移。这是一个分析综合、抽象概括的过程。教学实践表明，学业成绩优异的学生往往都学习能力强，基础知识全面而扎实，并能自觉进行迁移，顺利地将知识技能运用到新的情境中解决实际问题。培养学生的概括能力可以抓住以下要点：

■ 激发好奇心。鼓励学生提出问题、探索答案和发现新知识。这有助于他们奠定更广泛的知识基础，形成更强的概括能力。

■ 强调关键概念。确保学生理解和掌握每个主题或概念的核心要点，并能将其应用到相关领域。

■ 练习总结和归纳。让学生阅读并总结文本材料，并要求他们把重点和相关信息记录下来。这可强化学生的概括技能。

■ 提供分析机会。让学生分析不同的情况，并尝试找到一个共性或联系。这可帮助学生扩展思维方式和改进概括能力。

■ 带着目的阅读。指导学生如何在阅读过程中寻找重要信息，并将其整合成一个有意义的概述或总结。

■ 设计概括活动。设计各种练习活动，包括概括写作、口头概述和图表制作，以帮助学生锻炼概括技能。

■ 提供反馈。给予学生及时的反馈，帮助他们改进概括技能，提高学习效率。

突出教学内容的精选与编排

要想使学生在有限的时间内获得大量有用的经验，教师就必须精选教学内容。精选的标准就是迁移规律，即选择那些具有广泛迁移价值的科学成果作为教学的基本内容。所谓具有广泛迁移价值，是指掌握这些基本内容后，在以后的学习或应用中，许多与之相关的其他内容无需教师重新教学，只需稍加引导和点拨，学生即可掌握。这些基本内容具有广泛的适用性。在精选教学内容时，教师要注意时代性，吐故纳新，不断取舍，使之既符合科学发展要求，又具有广泛的迁移价值。

精选的教学内容只有通过合理编排，才能充分发挥其迁移的效能，学生学习与教师教学才能省时省力，否则迁移效果就会变小，甚至会阻碍迁移的产生。从迁移的角度来看，其标准就是使教学内容实现结构化、一体化、网络化。结构化、一体化和网络化是一致的，关键是建立教学内容之间上下、左右、纵横交叉的联系。通过对教学内容进行系统、有序的分类、整理与概括，教师可以将烦琐、无序、孤立的信息转化为简明、有序、相互联系的内容结构。有组织的、合理的教学内容结构又可以促进学生对所学内容进行深层次的加工与理解，构建合理的知识结构，实现学习的融会贯通。

注重基本概念与原理的教学

美国著名心理学家布鲁纳说：掌握一般概念和原理是通向普遍迁移的大道。教学中，教师应把基本概念、原理、定律、定理的扎实学习放在首位，找到知识的"生长点"，并作好迁移示范，效果往往相当明显。这样的"生长点"就是我们平时所讲的"基础"，也就是让学生认识到知识的本质含义。通过恰当合理地选择、利用和重组教学内容，教师要使知识结构更符合学生的认知逻辑，知识与知识之间的联系更紧密、类比更频繁，更能被学生接受和理解，从而找到知识之间的共同要素，为知识的迁移打下基础。如果过分强调表面上热热闹闹的课堂，而忽略对基础概念和原理的学习，学生所学的知识就容易浅表化、零散化，也无法帮助学生发现知识的"生长点"，实现正迁移。

加强分析比较方法的使用

在教学过程中，教师应注意新旧知识异同的比较。在对比过程中，学生处于主动探索、积极进取的状态，引起有意注意，促成思维交锋，这样对完善旧知识、自觉完成从旧知识到新知识的迁移，以及巩固新知识，都极为有利。心理学研究表明：加强对易混知识的比较，有利于帮助学生排除干扰，加深对某些相关概念的认识和理解，促使易混知识在学生头脑中更加清晰。

形成创设问题情境的意识

教师要将学生引入一种与教学问题有关的情境，制造一种悬念，使学生产生向往、探索的欲望，处于欲罢不能的状态。创设问题情境时，教师应注意：问题要小而具体、新颖且有趣，有适当的难度；有启发性，善于将所要解决的问题寓于学生实际掌握的知识之中，形成心理上的悬念。悬念解除之时，也就是正迁移实现之时。

充分利用媒体呈现的手段

在教学中，教师还可以采用投影、录像、实验演示、讲座、科技制作等多种可以丰富感性认知的呈现方法来培养学生对材料的浓厚兴趣。它有利于教师因材施教，发展学生特长；有利于开阔学生视野、发展智力，特别是提高学生的创造力。实践证明，只要我们有效利用学习动机的迁移，因势利导地把学生已有的对其他活动的兴趣转移到学习上来，就可以激发学生学习新知识的强烈动机。

建立清晰有效的训练思路

可遵循迁移规律设计课堂训练活动，凸显思维训练。训练过程分为三步：一是"知识梳理"，通过思维导图、列表格等方式整理笔记，帮学生建立较完整的知识框架，并加强理解、记忆；二是"技能迁移"，设置相应的典型训练题目，引导学生在答题过程中积极思考，掌握学科思想、解决问题的方法乃至规律，让学生发现并准确地总结出来；三是"应用训练"，要求学生应用这些思想、方法及规律，采取已经掌握的技能去解决问题，同时进一步加强对学生思维的训练，使"学"与"思"有机结合起来，使训练变得格外有成效，学生的能力得到强化。

运用科学积极的评价反馈

在教学过程中，教师应把学生的迁移能力量化到评价中去。每节课的知识学完之后，要进行课课练，考查学生的横向迁移水平。课堂上，教师要引导学生寻找知识与知识间的联系，并对思维活跃、纵向迁移能力较强的学生进行及时的评价，让学生能够感觉到自己是被认可的，其他学生也会耳濡目染地效仿着去做。这样，学生在评价中才能感知迁移能力的重要性，并一步一步地提高。

采用诱发思考的提问方式

简单告知答案并不能有效地发展学生的思维，只有巧妙地运用启发法才可以抓住学生思维发展的"质"的灵魂。因此，教师在任何时候都不要替代学生思考，而是要启发学生，让他们举一反三、触类旁通。要能够采用艺术性的提问方法：在提问时少用"是不是""是什么""对不对""好不好"等局限性提问手段，多用"如果……会怎样？""在……条件下……会怎样？""……让你想到了什么？""如果……你会怎样？""为什么？"等开放式的提问方法激发学生的思考。

掌握推动迁移的教学技巧

采取以下的教学"小妙招"，教师可以助推学生知识与能力的有效迁移：

- 用自己的语言复述一遍。
- 经常梳理知识结构图表。
- 学会用类比的方式分析问题。
- 不主张完整抄写板书或课件。
- 不规律地更换学习的环境。
- 尝试评价伙伴的学习。

◎ 逾越误区

未能高度重视学生迁移能力的培养

教师没有充分认识到迁移能力培养的重要价值，过分强调讲授的教学手段，过分注重标准答案的机械记忆和背诵，从而造成学生迁移能力的缺失。教师必须形成共识，提高学生学习的迁移能力是学生"学得更好"的基石。凡是具有创造才能的人，大都有一种在事物最不相像的地方捕捉到最朦胧的相似线索或共同要素，并拿来加以应用的能力。但是大部分学生难以自主地找到知识间的共同要素，所以教师只有先从意识上关注学生的迁移能力，再仔细研读教材文本，充分、全面地挖掘教学知识的内涵，找出知识的本质特征，才能使学生把知识从感性认识升华到理性认识，实现真正意义上的知识迁移。由于迁移是一种心理现象，学生都是独立的个体，学习知识时所处的学习环境以及对教师与其他学生的态度都影响着学习迁移的产生，所以面对不同智力水平的学生，教师要注重学生在认知学习上的个体差异，培养学生的发散思维，以便做到有教无类，更好地去关注那些在个体差异中处于不利位置的学生。

未能强化新旧知识间的紧密关联

有的教师在教授新知识的过程中，不注重了解学生原有的学习基础，也不善于从旧知识的回顾出发引出新知识，这给学生学习迁移的发生制造了障碍。脑科学研究表明，学习任何新知识并不是直接就能理解的，而是要以旧知识为基础。如果学生大脑中根本没有相关的旧知识，大脑便很难理解它，无法赋予它更多的意义，那么所学的新知识就会变成一个死知识无法被我们所应用。但如果有了相关领域的旧知识做基础，这个新知识与旧知识进行融合碰撞，它便被赋予了更多的意义。通过旧知识来理解新知识，学生加快了大脑对新知识的理解速度，这个新知识就会被有意识地保存下来。这就是说，一切新的、有意义的学习都是在原有的学习基础上产生的，学习的过程实际上就是知识的积累过程，也是一个知识不断被同化的迁移过程。如果教师不注重在新旧知识之间搭建桥梁，使之产生有效关联，学生所学的知识很难上升到运用的阶段，无法从真正意义上实现知识的纵向迁移与转化。

未能将知识运用到实际的生活中

选取生活中的素材作为教学资源，应该是教师备课中的重要环节。但是，目前很多教师没有在备课过程中做到把课堂中的知识与实际生活相联系，忽略了生活中的案例在学生学习过程中的神奇效果，使得学生没有认识和理解知识的本质含义。部分教师在教学中，把更多的教学重心放到了教学过程上，更加关注学生在活动中的参与程度、课堂上的"热闹"程度，一定程度上忽略了科学知识与实际生活的联系，造成学生所学的知识与实际生活相脱离。教师只教会了学生这个知识的意思，而没有教会学生如何去运用这个知识，学生的知识横向迁移能力也随之变弱。学生只有能在新的情境中灵活地运用这些知识或方法来解决新的问题，才能实现学习的横向迁移，这样学到的知识才有意义。

未能重视完整知识体系的建构

一名合格的学科教师，一定要有关于该学科完整的课程知识结构体系。但一些教师对课本并不熟悉，自己还没有建构完整的知识体系，教学中"一叶障目，不见泰山"，只能就凌乱的知识点进行教学，根本谈不上帮助学生建立新旧知识间的联系，这样也就无法培养学生在学习上的迁移能力。教师至少要做好两件事：一是学习课程标准，了解课程的整体目标与各分段目标之间的关系；二是通读教材，在脑海中建立教材整体体系的概貌，了解前后知识点之间的关联。只有这样，教师建立了该学科的知识结构体系，才可能在教学中加强新旧知识的联系，使学生在知识的运用上更加融会贯通、得心应手。

未能破解学生个体间差异的困境

即便找到了知识上的共同要素，了解了知识的本质特征，学生也不一定就能实现知识的有效迁移。班级授课制不得不面临的一个问题就是，学生的个体差异很大，有的学生可以很快、很轻松地实现迁移，有的学生则表现得相当困难。个体差异的形成和生理、心理、学习环境、社会环境、家庭环境等有着很大的关系，主要表现在认知基础、情感准备和学习能力等方面。班上那么多学生，有的学生较为灵活，知识迁移能力与生俱来就较强，有的相对会差一些，这便是差异。因此，建立分层次教学、分层次作业的基本思路，针对不同学生的实际情况确定教学目标、设置训练内容，便成为教师必须作出的选择。

你对学习迁移的知识了解多少？你是否在教学过程中对学生的学习迁移能力进行了有效培养？请根据自己的实际情况，在"是"或"否"后打钩。

1. 你的学生普遍体现出不善于"举一反三"的问题，经常犯类似的错误。（是　　否）

2. 你对学习迁移的知识缺乏较深的了解，也没有进行过专门的培训或学习。（是　　否）

3. 你不能准确表述学习迁移对学习的价值，也不能较为清晰地阐述影响迁移的基本要素。（是　　否）

4. 你没有在教学中真正思考过如何让所学知识或技能形成迁移的问题。（是　　否）

5. 你不太在课堂上针对学生的分析能力和概括能力进行训练。（是　　否）

6. 你通常严格按照教材内容施教，未曾对教材内容进行过重组以有助于迁移的尝试。（是　　否）

7. 你没有或很少把学习方法的指导纳入教学目标体系。（是　　否）

8. 你不善于运用对比或类比的方式教授基本概念、定理、定律等内容。（是　　否）

9. 你主张学生通过完整抄写板书或课件方式来掌握更准确的学习内容，很少要求学生整理知识结构体系或者笔记。（是　　否）

10. 你因为怕耽搁教学时间，通常不愿意多设置开放性问题并引发学生思考、讨论和辩论。（是　　否）

【计分方法】

各题答"是"计 1 分，"否"计 0 分。

你的自我评估得分为 _____ 分。

【评估结果】

学生学习迁移能力培养困扰度量表

分值区间	7—10	3—6	0—2
结论	困扰程度极为严重	困扰程度较为严重	困扰程度较小

【自我认定】

我的优势	
我的不足	
我的改进点	

10. 追求一种效果：解决具体问题

～～～～～

读完本篇，你应该能够回答下列问题：

提示

- 未来社会的特点对人才培养有什么要求？
- 什么是"解决型人才"？
- 如何培养学生在复杂情境中解决问题的能力？

◎ 原理阐述

教育的目的不是应付考试，不是培养"答题技工"，而是培养孩子解决问题的能力。

讨论课堂教学，我们首先要找准学生的培养方向，才不会犯下南辕北辙的错误。以往，在我们的课堂上，教学的功能更多指向为学生提供升学的机会，所以，"分数"成为重要的评判标准，"刷题"成为重要的培养方式。当时，我们似乎培养的大多是"高分低能"、善于"纸上谈兵"的人。

在知识化、全球化的 21 世纪，教育正在被重新定义。未来社会需要什么样的人才？这是每一位教育工作者需要思考的问题。

著名未来学家彼得·伊利亚德说："今天我们如果不生活在未来，那么未来我们将生活在过去。"

不可否认，很多时候，我们的教育偏离了应有的轨道。打个比方，更能形象地理解这种偏差。人们常说不要让孩子输在起跑线上，于是引导学生拼命练习跑步的技能技巧，练习怎么起跑，怎么途中跑，怎么冲刺。但大家是否想过，孩子的未来一定是一场跑步比赛吗？会不会是一场游泳比赛、一场拳击比赛，或者一场斯诺克比赛？也许这代孩子的未来，他们需要的根本就不是跑步，他们将要经历的时代也不会再沿用我们这代人所遵循的跑步规则。如果是这样，我们现在下苦功夫所做的一切不就白费了？

如果希望学生将来长成什么样，那现在就要给他提供什么样的营养。未来社会是一个高度关联、互联互通的智能世界，它最先带来的冲击，就是以往那些依靠智商和经验的工作岗位会极大程度地被计算机和机器人替代。正在突飞猛进的 AI 技术已经给我们的教育敲响了警钟。

我到上海参观一家大型船用大功率柴油机制造企业，问他们人力资源部负责人：你们在招聘员工的时候，判断标准是什么？负责人说，他们招聘主要考虑三个方面：一是应聘人员对企业的信任度、忠诚度，也就是对企业本身的认可度以及进入企业工作的决心；二是应聘人员的沟通能力、与人合作的能力；三是应聘人员的学习能力、对新事物的接受能力。他一直在强调：我们更看重的是一个人的品行、情商、交际能力及学习力，这些才是我们选拔人才的基础。

我们从中不难看出，未来社会对于人才的界定已经发生转变。教育应该更加有助于学生充分凸显人所独有的东西，譬如情感、交际能力、合作能力，以及在复杂情境中综合运用知识解决问题的能力。这些是人工智能所不具备的，但也恰恰是现在的学生所欠缺的。现行的教育样态，强调的是流水线上的标准件生产模式，强调的是效率，牺牲的恰恰是情感、个性、创造力这些东西，抹杀的就是人独特的一面。

因此，我们可以看清一个现实：在学校，一题一解，什么都是老师手把手教的，万事总有标准答案；但进入真实社会，再没人这样教学生，解决问题的方法多种多样，胜负成败全要依靠自己的问题解决能力。

这给我们的启示是，我们不能追求让学生成为重复记忆知识的"第二等机器人"，而是要让学生葆有探索世界的好奇心，善于观察世界，发现问题，并勇于提出解决方案，同时又了解自己，能与不同背景的人进行交流合作，愿意尊重他人观点。这些结合时代发展新出现的素养要求，被称作全球胜任力。

2022年颁布的义务教育新课标指出，教师要摒弃以知识点为单位确定教学目标的做法，立足学科学业质量要求，依据教材内容和学情，厘清内容标准，自上而下，从抽象到具体地划分学期、单元乃至课时目标，一致性地链接"想得到（理想的目标）""看得到（可望的目标）"与"做得到（可及的目标）"，以提升学科育人质量。

从某种意义上来讲，学科教育的本质就是培养学生解决问题的能力。学生的问题解决过程实际上也是一个多种能力协同合作的过程，包括逻辑能力、分析能力、适应能力和反思能力。在学习的过程中，学生会面临各种类型的问题，要想有效解决这些问题，首先就需要从复杂的情境当中将有用的信息提取出来进行整理，建立起问题之间的逻辑联系。其次，要学会在原有知识的基础上学习新知识，发现二者的内在联系，找到本质，将复杂的问题简单化。最后，要对自己的整个学习过程进行有效的反思，找到其中的不足并加以改进，从而有效提高整体学习效率。简单概括，就是希望学生能够运用所学知识做成事（关键能力），持续地做正确的事（必备品格），一贯地正确做事（价值观念）。

真正善于解决问题的人通常具备两个特征：一是果断，能够抓住问题的关键点，从关键点入手解决问题，他们的逻辑思维能力很强，观察也细致入微；二是大胆，善于尝试不同的方法，也不怕失败，敢于承担责任。

显然，如果我们的课堂只把"死记硬背标准答案来获取高分"作为价值追求，必将远离学生的实际需要，给他们种下"解答型人才"而非"解决型人才"的培育恶果。

◎ 技术精解

课堂"结构化"，凸显培养重点

美国认知教育心理学家奥苏贝尔等人在1969年提出了一个问题解决模

式，包括四个阶段：

- 呈现问题情境命题。以图形、符号或文字的形式给出问题已知条件和要求达到的目标，目的在于为问题解决者创设实际的问题情境。

- 明确问题与已知条件。问题的情境命题只是对问题潜在意义的陈述，明确问题和已知条件，有助于理解所面临问题的性质和条件。

- 填补空隙过程。这是解决问题的核心。所谓"填补空隙"，是指调动已知知识，运用解题策略联系问题与答案。

- 检验。检查推理答案是否正确，解题方法是否最为简便。

以此模型为基础，根据核心素养教学要求下解决问题的通常思路，教师可采取以下课堂基本结构：

- 创设情境，激发兴趣——教师引导学生进行基本概念的理解，借助丰富的场景化资料，如图片、视频等，为新的学科学习作好知识上、方法上和情感上的准备，同时也为下一环节"提出问题"作好情境上的铺垫。但是不直接归纳总结规律，而是让学生论证后得出结论。

- 提出问题，建构体系——主要是指在新课开始时所创设的问题情境中，教师要引导学生将生活问题学科化，提出相关的学科问题，以待进行进一步的探索和解决。这是一个从生活到学科的过程，是一个从具体到抽象的过程，也是一个问题解决必须经历的科学过程。它不仅有利于密切学科与生活的联系，而且有利于培养学生一定的抽象概括能力，旨在让学生学会从学科特点的角度提出问题和理解问题，发展学生的应用意识。

- 交流协作，分享经验——根据提出的问题，让每个小组的成员进行角色扮演并分配任务，进行充分的碰撞、辩论、交融。然后，由学生表达自己的观点，展示自己的思维过程和结论分析过程。这个环节主要是为了让学生经历问题解决的过程，积累问题解决的经验，体验解决问题的乐趣，形成解决问题的策略，同时在探索解决方案的过程中学会与人交流合作。

- 扩展思路，进行创新——在合理解释问题解决方案的基础上，进一步巩固所学的知识和方法，学会运用所学的知识和方法解决新的问题，同时在新问题的解决过程中进行必要的反思。该环节旨在促进学生学习水平和教师专业水平的提高，培养学科知识的应用意识和实践能力，养成自我反思的习惯，提高自我评价的能力。在课堂教学中师生教与学反思后的所得，可能是经验，可能是教训，也可能是其他有价值的资源，它们都是下一节课或者今后学习的宝贵财富。

内容"清晰化"，发展高阶思维

第一，以"大问题"建构学习内容。面对日益复杂的教学内容，以往的问题解决式教学方式存在繁杂、细碎、逻辑不清等情况，难以促成学生深度学习的发生。教学中，教师可借助大单元教学方式，引导学生提出指向学科核心素养的"大问题"，通过"大问题"的解决，发展学生的高阶思维，帮助学生形成学科大概念，掌握学科学习的思想和方法，从而促成深度学习的真实发生。以"大问题"建构学习内容，教师需注意下列问题：

■ 确定合适的大问题：大问题应该既符合课程标准和教学目标，又具有挑战性和启发性，能够激发学生的好奇心并引导他们进行探究和实践。

■ 提供多元化的学习资源：鼓励学生自主学习和研究，并提供丰富的学习资源，包括书籍、文献、视频、网站等，以满足不同学生的学习需求。

■ 组织合作学习活动：促进学生之间的相互学习和成长，组织小组合作学习活动，让学生分享思路、交流意见和解决问题。

■ 设计形式丰富的评估方式：除了传统的考试外，还要设计形式多样的评估方式，如项目、展示、口头报告等，以评价学生在探究和实践中所获得的知识和技能。

■ 关注学生情感需求：大问题教学需要更多的时间和精力，学生可能会遇到挫折和困难。需要关注学生的情感需求，鼓励他们互相支持，增强学生的自信心，提高他们的积极性。

■ 反思与调整：在教学过程中，需要及时反思和调整教学策略，以更好地满足学生的学习需求和达成教学目标。

第二，以"学方法"迁移学习能力。学习要讲科学，不能死记硬背，每门学科都有其特点，应该总结出这个学科的一些基本方法，有效地帮助学生学得活、用得活。这些方法本身就要纳入学科教学计划，予以落实。以数学为例，数学方法大致可以分为三类：一是逻辑学中的方法，如分析法（包括逆证法）、综合法、反证法、归纳法、穷举法等；二是数学中的一般方法，如建模法、消元法、降次法、代入法、图像法（在代数中常称图像法，在解析几何中常称坐标法）、比较法、向量法、数学归纳法等；三是数学中的特殊方法，如配方法、待定系数法、公式法、换元法、拆项补项法（含有添加辅助元素实现化归的数学思想）、因式分解法、平行移动法、翻折法等。掌握这些方法，在教师讲解示范的基础上，学生很容易实现个人学科能力的迁移。

教法"联系化"，指向生活实际

第一，情境化设计，由学习走向生活。学生在学校学过的知识和现实生活建立不起联系，原因就是我们的教学过程缺少真实的情境，单纯鼓励学生把知识背熟、认知、复述，去应付考试。我们必须认识到知识是素养的媒介和手段，而不是学习的最终目的。知识转化为素养的重要途径就是情境，设置更丰富的情境化的教学过程，才有可能让学生的学习真实发生。教师可以通过创设实验教学、学科活动、社团活动、社会实践等一系列真实的情境，让学生的亲身经历与学科知识建立联系，让学生真正感受到知识的应用价值和隐含着的文化精神。这个过程中，教师一定要遵循学生的认知规律，把学习同现实生活结合起来，让学生在学习和实践中形成良好的品质和健全的人格，真正形成适应终身发展和社会发展的必备品格与关键能力。

第二，主题化设计，由松散走向聚合。打破内容松散、凌乱的教学现状，确立整体的大知识观，由这个大的知识观产生大的教学观，就是主题式教学方式，便于实现知识的纵向联系。教师要根据学生的认知能力和知识自身的逻辑规律，不断挖掘和整合教学内容，按照一系列的主题进行教学。教学水平高的教师往往在每一个学习阶段就要进行一次主题式或者是专题式教学，让学生认识到知识模块与模块之间的内在关系，形成大的知识模块，从见树木到见森林，再从见小森林到大森林。

第三，问题化设计，由学会走向会学。学习都是从问题开始的，在不断发现新问题中解决问题，又在解决问题中发现新问题，通过解决问题建立学习与现实生活的联系。问题化学习既能体现知识系统化，又是一个人在探索外部世界中建立精神家园的过程。从讲授中心的课堂转变为学习中心的课堂，中间有一个桥梁，这个桥梁就是问题化学习。问题化学习让我们所有的教学必须以学生为主线去设计，以学生的问题展开，让学生真实的学习过程能够发生。教师要善于把真实的问题形成问题链，让学生在对问题的追寻中找到知识之间的横纵联系，打破碎片化、断点化的知识学习现状。

管理"自主化"，形成必备品格

人与社会关系上的自律，人与他人关系上的尊重，人与事情关系上的认真，是人必备的三种核心品格。培养解决型人才，发展学生自我管理能力，形成必备品格，可以从以下几方面入手予以突破：

■ 加强情绪管理——消除学习生活中坏情绪对广大师生产生的负面影响，让师生全面了解情绪，预防情感冲突，学会平复情绪，既能避免坏情绪对课堂教学产生不良影响，又有利于课堂上师生的有效沟通。

■ 加强时间管理——让师生对教与学的时间保持弹性张力和适度平衡，学会合理分配时间，保证课堂的有效与高效。

■ 加强目标管理——通过对学科核心素养的层层分解，教师针对每节课制定清晰、具体、可执行、可测量的目标，让目标成为课堂教学的"定海神针"，实现目标导向的教学评一致性。

练习"多样化"，打破题海束缚

为学生提供多种练习的机会，避免低水平、简单的提问或重复的机械练习，防止学生深陷"题海"。要摸索基础性练习、应用型练习、开放性练习等的不同特点，以及练习试题命制方式。要考虑练习的质量，根据不同的教学目的、教学内容、教学时段来精选、设计例题与习题，充分考虑练什么，什么时候练，练到什么程度，以什么方式练，如何检验练的效果，等等。

练习"多样化"，可防止学生思维僵化，提高解决问题的能力。只限于一种范例问题的练习，会使解决问题的方法固定化，容易形成思维定式，以至于当问题情境变化时妨碍问题的顺利解决。实现练习的"多样化"，教师可采取下列做法：

■ 提供不同类型的题目：可以提供选择题、填空题、简答题或论述题等不同类型的题目，让学生接触到不同的问题形式。

■ 命制不同难度的题目：根据学生的水平和能力，设计不同难度的题目，以增加练习的挑战性。

■ 设计富有挑战性的任务：将练习设计成一个富有挑战性的任务，并在任务中包含多种不同类型和难度的题目，以提高学生的兴趣和动力。

■ 利用多媒体资源：使用音频、视频、图像等，增加练习的趣味性和互动性，同时也可以让学生更好地理解和掌握知识点。

■ 引入游戏元素：在练习中引入游戏元素，通过比赛、闯关等方式，激发学生的参与度和竞争性，增加学生的自信心。

■ 加强对比练习：将两个或多个不同的事物进行对比，并让学生分析它们的相似之处和不同之处。

■ 多采用反例练习：提供错误的答案或解决方案，让学生找出其中的错误之处，并给出正确的答案或解决方案。

展示"常态化"，发现学习成果

充分抓住学生心理特点，鼓励学生从不同角度、不同途径来思考和解决问题，并在与学生交流中体验解决问题策略的多样化，获得成功的体验。

■ 展示成功——抓住契机，充分展示学生解决问题的成果和经验，用成就感诱发学生更为主动地参与，使主动参与学习、依靠自身力量解决实际问题成为一种持久且强烈的意识，最终形成内在动机。

■ 多向互动——在教学过程中，教师与学生分享彼此的思考、经验和知识，交流彼此的情感、体验与观念，相互检查对方行动，表达自己的看法，讨论问题的解决。

■ 反馈调节——教师在课堂上及时掌握反馈信息，了解学生探究问题的进程，作好调整课堂教学内容的准备。同时，要关注学生探究现状与教学目标之间的差距，从而随时为学生提供必要的指导与帮助。

■ 评价总结——要对学生参与程度、参与积极性和对集体的贡献进行评价，对学生的问题解决过程进行一定的总结。针对学生解决问题过程中可能存在的杂乱无序的情况，教师应将这些知识和技能总结成比较系统、比较连贯的知识，使学生对整个过程有比较完整的认识。

◎ 逾越误区

学生缺少问题意识

课堂提问大都由教师包办，造成学生"集体无问题意识"：首先，不想问，认为书本和教师讲的知识都是对的，教师会讲明白问题，不用自己费心思；其次，不愿或不敢问，害怕受到嘲讽和漠视，有了疑问也不敢向教师或同学提出；最后，不会或不善于问，不知从何处生疑，找不到问题点，或提问不得要领，缺乏深度。

突破这个障碍，教师可尝试以下做法：

■ 向学生讲解问题意识在学习和研究中的意义，介绍中外名人勤学好问的事例。

■ 加强对学生的学习动机教育，引导学生为求知而学习，而非为表现（过分关注他人的评价、害怕失败）而学习。

■ 放弃过于严肃的教态，活跃课堂氛围，让学生突破自己的心理障碍，勇于发言。

■ 学生提问不论正确与否、价值大小，都要满腔热情，认真听取，耐心辅导。

■ 教给学生从多方面、多角度提出问题的方法，引导学生去粗取精、去伪存真，学会筛选出有价值的问题。

■ 面对自己也不能回答的问题，不要用一句"不知道"回答，可先让学生思考、讨论和分析，若仍无法解决，可将问题暂时搁置，待课后与学生一起查阅资料，共同寻求答案。

教师缺少教学定力

作为教师，没有谁真正愿意让学生成为刷题的机器，但也没有谁不想让学生考出好的成绩。于是，矛盾、左右摇摆就成为大家纠结心态的突出表现。

这是教师认知上存在的误区。核心素养的培育与应试要求看似格格不入、水火难容，但仔细观察，二者之间其实有着交汇的契合点。如果处理得当，二者也能够相互促进、和谐共生。

这个交汇点就是我们所探讨的对学生解决问题能力的培养。

据我观察，一线教师最大的痛苦就在于，一方面现行的考核机制不允许他们输掉"现在"，"千军万马过独木桥"仍是中国目前的考试现状；另一方面，自己的职业道德不允许输掉学生的"未来"，只有扎扎实实培养学生的关键能力和必备品格，学生才能真正适应未来的生活，教师的良知也才得以安顿。把"问题解决"作为课堂教学追求的效果，可以让"应试教育"与

"核心素养培育"在真实的课堂上握手言和，用"素养培育"的手段，推动学生核心素养的全面发展。

"解决问题"能力的培养属于"应试教育"和"素养培育"二者共同追求的目标。区别在于应试教育关注"解决问题"这一结果，至于如何"解决问题"则不讲究手段和策略，即使用灌输式、填鸭式也无所谓，一切以找到能够考取高分的"答案"为终极目标，不关注孩子的终身发展，看的是"眼前"，是"现在"；而素质教育则更多把"解决问题"作为能力目标，以"解决问题"作为内容载体，目的是培养学生的高阶思维和关键能力，关注的是"长远"，是"未来"。

教师可重视以下做法：

■ 既要保证学生掌握正确答案，又要坚持用各种方式展示学生得到答案的思维过程。

■ 既不忽视传统的听讲、记忆的学习方式的价值，更要多采用启发、点拨、自学、讨论、展示等教学策略。

■ 既关注学生知识层面的收获，也关注学生必备品格、价值观念的形成。

■ 既抓好学生作业的质量，也给学生提供更多利用知识完成"作品"的过程。

■ 既要把考点列入学习目标，也要把习惯培养、方法指导列入教学计划。

自我评估

你是否意识到未来社会对人才的需求发生了转变？你是否理解了"解决型人才"的含义？你认为这样的人才培养目标将给课堂教学带来怎样的变化？请根据自己的实际情况，在"是"或"否"后打钩。

1. 你认为在现行的教育体制下，"刷题"才是对学生真正的负责。

（是　　否）

2. 你认为"解决问题"的能力需经过社会锤炼形成，目前的课堂教学很难达到。(是　　否)

3. 你还不太理解新课程标准提出的"关键能力""必备品格""价值观念"等概念的含义及其对课堂变革的影响。(是　　否)

4. 你从未尝试过遵循"解决问题"或"任务驱动"的思路来设计课堂教学结构。(是　　否)

5. 你或你的教研组没有进行过"大单元教学""大问题教学"方面的尝试或者主题教研活动。(是　　否)

6. 你通常还是采取传统的"背熟、记忆、复述"等方式引导学生应对考试，很少尝试引导学生在生活中使用这些知识。(是　　否)

7. 你极少对学生进行情绪管理、时间管理等方面的指导。(是　　否)

8. 你布置作业、练习形式比较简单，极少有变化。(是　　否)

9. 你很少组织学生进行解决问题的成果展示或经验介绍。(是　　否)

10. 你从未对学生在课堂中提出问题的方法及其注意事项作过指导。(是　　否)

【计分方法】

各题答"是"计 1 分，"否"计 0 分。

你的自我评估得分为 _____ 分。

【评估结果】

"解决问题"教学困扰度量表

分值区间	7—10	3—6	0—2
结论	困扰程度极为严重	困扰程度较为严重	困扰程度较小

【自我认定】

我的优势	
我的不足	
我的改进点	

第三章

建立"让学习真实发生"的支持系统

支持系统是指教学环境、教学资源、教师的基本能力与工作方式、课堂管理模式等促成课堂教学顺利实施的要素的总和,其本质是课堂资源与教学保障的关系。

11. 把握一个利器：用好同伴学习

提示

读完本篇，你应该能够回答下列问题：
● 什么是"同伴学习"？"同伴学习"有何价值？
● 开展"同伴学习"的技术要领有哪些？
● "兵教兵"过程中有哪些不当做法？

◎ 原理阐述

　　1988 年，我参加工作，被分配到一所农村初中校。这所学校的教学质量不高，生源不稳定，很多孩子读不到初三就辍学了。就在这样的背景下，当年的全区期末统一考试，我所教的两个班级的语文成绩居然名列全区第一，也就是说，这个分数甚至高过了师资、生源、办学条件都极其优越的城区学校，成了几乎无法令人相信的"奇迹"。

　　说起来，我不过是一个"菜鸟"教师，毫无经验可谈。之所以工作半年就取得了这样的成绩，一个重要原因是我在教学中充分发挥了学生"同伴学习"的作用，采取了"兵教兵"的做法。全班 40 多个学生，被我分成若干小组，实行组长负责制，每周都要明确"同伴互助"的内容、目标，层层承包，责任到人，把那时候需要学生背诵、默写、应知应会的知识全部分解下去，定好进度，天天过关。我还采取了一些激励策略，培养了一批比我还认真的组长，整天追着那些组员，不"完成任务"，绝不善罢甘休。这样的状态不仅体现在平时上课的时候，到了周末，各小组的学生也常常蜂拥而至，跑到我在学校的宿舍，争先恐后向我"呈现"他们小组的学习风貌和取得的成绩。

稍作总结，当年我这样的做法，取得了几个显著的实效：一是在班级中形成了支持和互助的文化；二是学会的学生可以通过帮助其他同学巩固自己所掌握的知识；三是老师有更多时间去评估教学进度，把握全班学生的掌握情况并据此作出调整。

其实，我这样的教学尝试是受陶行知先生的影响。早在一百多年前，陶行知就提出了"兵教兵"的教学思想。他在《创造的教育》一文中，就曾质疑"一个教室容纳四五十人，试问教师的力量有多大，能够完全去推动全班学生？"

陶行知的教学策略可概括为以下几点：

第一，尊重学生——让学生学。如果说教师课上教多少名学生都可以，那是教死书。学生越多，"教学生学"就越难实施。面对四五十名学生，教师关注层面大，师生交流范围小，因材施教难以落实。所以陶行知指出：好的先生不是教书，不是教学生，而是教学生学。

第二，善用学生——让学生教。"用"是最好的学，能教会别人才是真会。叶圣陶先生主张教师在课上要学会"偷懒"，让学生去教。通过课堂观察，教师选出一部分较有天赋、善于表达的学生当"大徒弟"，先教会他们，再让他们去教其他学生。课上，教师仅作为旁观者去观察大徒弟教小徒弟的过程，及时收集信息，指点迷津，逐步实现"教是为了不教"的目的。

第三，发展学生——让学生升。教育的目的不是改造、塑造一个人，而是促进人的发展。只有把学生当人看，促使学生发展，才能回归教育的本真。在课堂教学中，先培养大徒弟，再让大徒弟教小徒弟，在"兵教兵"的实施中，学生的知识得以积累，能力得以提升，实现自我发展。

这就是"伙伴效应"在学生学习过程中的重要体现。

实践证明，人们总是更愿意听取知识背景、兴趣爱好相近的同伴、朋友的意见和建议，受同龄人的影响更大。青少年尤其如此。因此，有意识地发挥学生的"同伴效应"，让学生成为学习伙伴，在课内外的互助氛围中，通过小组讨论、互助学习、游戏竞赛等多种参与性和互动性强的方式，让他们轻松学习、共同成长，不失为提高教学效益的重要手段。这种方法也被称作"兵教兵"，其积极意义可以概括为以下几点：

第一，激发学生最好的学习状态。课堂的生命力来自对问题的敏感、好奇，来自情不自禁的、丰富活跃的猜想、假设，来自不同观点的碰撞、争辩、启迪和认同。

当教师根据某一学习任务将学生组合成"学习团队"，把不同性格、观点的同龄人聚在一起时，学生会为同一个话题大开脑洞，争先恐后地表达自己的观点，展开激烈的思维碰撞。这往往能发生美妙的化学反应。

每个人都能从同伴那里获得能量，共同进步。这时候，学生的最佳学习状态便被激发出来了。

第二，获得更好的学习效果。从学习效度的金字塔来看，经过独立思考、讲解交流、观点升华过的学习，比只听讲解的学习效率提升了许多。在一个集体中，总有一些同学在某些学科学习能力较好，成为群体学习的核心，他们的意见甚至会影响教师的判断，他们反映的问题常常可以作为教学设计的参考。同时，"高手"切磋也有着棋逢对手的酣畅。对于学习有困难的同学，能经常得到帮助，许多问题在交流中就能得到解决。

第三，寻找最好的反思标尺。学习中的同伴，就是自己最好的反思标尺。学生有机会从中看到同龄人的生活和精神状态，看到他们的勤奋、好恶、选择，清楚他们的个性、特长、优势，耳濡目染着他们的梦想、目标、追求，洞察他们身上值得学习借鉴的品质和习惯。

从这样的标尺中，他们能"照见"自己的不足，从而努力实现自我加持；不断完善自我个性和独立人格，形成和修正自己的价值观、人生观；树立奋斗的目标和方向，获得学习方法与策略上的启迪。

第四，发展最好的同学关系。同龄人聚在一起，气氛融洽，志同道合，共同进步，学着包容不同，学着去融入、去沟通、去合作、去创新，在交流中结下深厚情谊。当偶尔感到枯燥或消极懈怠时，老师的及时纠正，同桌的提醒，小伙伴的宽慰，都让学生学习的艰辛减少许多。同伴学习让孩子们知道：自己不是孤军奋战，也并非只有自己在负重前行，从而内心变得更加丰盈。

试想，如果单纯是为了应对"竞争"而学习，缺乏同伴力量的支撑，学生的校园生活将留下多少遗憾？

◎ 技术精解

掌握"同伴学习"的基本形态

第一种形态：小先生型，即让学生做小老师去教会其他学生。

"小先生制"最早是由陶行知先生提出的。他说："要把知识变成空气一样，弥漫于宇宙，洗荡于乾坤，普及众生，人人都得呼吸。把知识变成空气最好的方法是运用小先生。"他又说："小孩子最好的先生，不是我，也不是你，是小孩子队伍里最进步的小孩子！"从他的话语中，我们不难明白"小先生制"就是让会学的孩子来教不会学的孩子，这是对孩子的高度信任与充分期待，是发展孩子能力与思维、提高孩子全面素质的有效举措。"小先生制"承认孩子之间有差距，也认为孩子的潜能是巨大的，因此，在教学中教师不能搞"一言堂"，而要千方百计地让孩子去思考、去研究、去互助，达到"众人拾柴火焰高"的效果。在今天看来，践行陶先生的"小先生制"也是有时代意义的。不妨做好以下事情：

- 选出适合担任小先生的学生，进行必要的培训和指导。
- 定期召开小先生工作会议，共同商讨和解决课堂中的问题。
- 让"小教授""小助教"们尝试登台讲课，培养他们的各种能力。
- 小先生要帮助老师管理课堂秩序，协助巡视、纪律处分等工作。
- 小先生可以为其他学生提供学习帮助，并收集意见、建议及时向老师反馈。
- 学校和班级建立科学的评价机制，对小先生的表现进行肯定和奖励。

第二种形态：小组讨论型，即学生在由 3~6 人（最好 4 人）组成的小组中一起学习，共同完成教师分配的学习任务。

在每个小组中，学生围绕某一问题互相讨论研究，交流心得体会，教师巡视并了解学生遇到的疑难问题，使学生通过共同活动，最大限度地促进自己与他人的学习。小组讨论的方式能增进同学间的情感交流，改善他们的人际关系。由于强调小组的每个成员都积极地参与到学习活动中来，学习任务由大家共同承担，问题就变得比较容易解决。而且，大家在互相交流中能够不断地学习别人的优点，反省自己的缺点，有助于进一步扬长避短，发挥自己的潜能。

第三种形态：一对一型，即两人同伴互帮互助的伙伴形式。

这种形式除了和小组讨论式有大致相同的优点外，还具有形式上更灵活、操作更方便的特点。课堂上、课堂外都能进行：课上可以"同伴学习"，课后可以是一帮一。老师要在深入了解学生学习和成长状况的基础上，公平合理地进行分组、排座，运用学优生、学困生搭配的原则，让学生进行一对一的互帮互学，让学优生有事做、有提高，让学困生有人帮、有进步，从而提高整体成绩。

创造"同伴学习"的基本条件

一要打破"划江而治"的排座方式。教师要敢于安排学习基础差的学生与学优生同桌，这样做符合学生的心理——学优生在有限的时间里完成自学内容，使学困生有一种紧迫感，进而增强竞争意识和好胜心。学生在自学及相互讨论的过程中，实际是学优生指导学困生的过程。学优生在自学的过程中基本掌握了学习内容，而学困生还有一些问题没搞清楚，通过学优生的讲解，自然也就明白了。在大班额的背景下，学困生光靠老师一人往往忙不过来，发动学优生，力量就壮大了。同时，一旦在"兵教兵"中确立了"师徒"关系，上课时，师父会时刻关注徒弟：哪些问题他举手了？哪些问题他回答对了？哪些问题他回答错了？师父心中有数，也就为课下的"兵教兵"作好了准备。

二要形成"师徒共进"的积极局面。要想方设法把课上的问题延伸到课下，引导徒弟在产生困惑后第一时间向师父请教；激励督促师父根据徒弟课堂上的表现及时进行补救，让徒弟再次回答上课时不会回答的问题、回答错误的问题等。引导师父配合老师"清"的工作，监督徒弟按时、独立完成练习与作业，帮助徒弟改正其中的错误，检查他的掌握情况。很明显，从课上到课下，从练习到作业，从知识记忆到方法形成、能力培养，师父都会紧紧盯住徒弟，不会让他有丝毫的懈怠。如果徒弟在学习上存在问题，师父是绝对不会放过徒弟的，直至徒弟完全达到师父与老师的要求为止。

制定"同伴学习"的基本规则

一是明确交流的对象。在"同伴学习"时，学生出现的问题经常表现为交流对象不确定，不清楚与谁交流。这一点是"同伴学习"规则制定时考虑的重点。譬如，当开始实施"同伴学习"时，教师可以组织同桌结对两人交流，两人无法解决的问题再由中组（前后两桌）4人共同研讨，4人无法解决的可以在大组（前后两排）内帮扶。当然，这一策略可根据班级情况、分组方式等具体确定。交流对象的明确化，可以使"同伴学习"更具针对性，避免盲目性，保障"同伴学习"活动的有序进行。

二是明确交流的方式。教师引导学生将心中的困惑告诉同桌或前后桌，先学会的同学根据同伴困惑进行有针对性的讲解。讲解之后，双方对讲解情况的理解程度进行确认：你听懂了吗？你还有困惑吗？

三是明确倾听的要领。教师引导学生，在别人提问或讲解的时候要认真倾听。

四是明确"同伴学习"的最佳时机。从学生方面看，可以选择学生个人操作无法完成时、学生有困难需要帮助时、学生个人思维模糊时、学生意见不一存在争议时；从课堂进程看，可以选择新旧知识衔接处、教学内容重难点处、归纳总结揭示要点处。这样，学生在"同伴学习"中就会有所收获且不流于形式，有效促进学生知识的积累和能力的提高，焕发课堂生命力。

把握"同伴学习"的课堂实效

第一，限时。所有环节都要有具体的时间要求，必要时可采取倒计时方式，让每位学生都具有适度的紧迫感。

第二，分层要求。即使教师利用限时策略规定了每一个环节的具体学习时间，也不能保证学生在规定时间内整齐划一地同时完成。教师应该有分层教学的意识，鼓励先完成学习任务的学生，做好下节课的预习。

第三，展示机会均等。展示机会的丧失往往是造成学生在各项活动中积极性不高的"罪魁祸首"。教师应该让学生时刻准备展示，还要将展示的机会公平地分配给每位学生。教师指定学生展示并不是一个好办法，这会让学生感觉不公平。教师可以运用随机抽号的办法，将选择展示人的权利交给"运气"。每位学生的展示机会均等，可以促使他们积极主动地投入到展示前的准备活动中。

第四，教师评价的调控。教师在学生独学、"兵教兵"、展示、倾听等活动后，及时评出先进，给予鼓励；同时，对表现低效的学生，给予指导建议。

运用"同伴学习"的基本技术

丹阳市第三中学的戴辉俊老师曾在《学会"独学""对学""群学" 让合作学习落到实处》一文中，对"同伴学习"的技术进行过系统归纳，我们择其要点摘录如下：

一是对学的技术。

对学的流程：分享（对自学的答案，对子之间互相说一说）—求教（对不懂的问题，对子之间互相教一教）—讨论（都不懂的问题，对子之间互相议一议）—整理或标出疑惑（议出结果的要整理到导学案上，议而不决的问题标出来，待群学解决）。

对学的方法：对查（互相检查自学的情况）—对问（争议问题辩论明晰）—对议（疑难问题共同商议）—对抗（学习效果互相比赛）。

对学的规则：自控、小声、会倾听、善表达。

二是群学的技术。

群学的流程：帮学（潜能生不会问中等生，中等生不会咨询优等生，不同层次的学生互相帮扶）—合学（共性的问题借助全体讨论解决）—质疑（思考新的解法，提出新的问题）—研学（利用所掌握的基础知识进行探究性学习）。

群学的形式：组长依次讲解，组员倾听、质疑；组长重点讲解，组员发问；潜能生说，中等生补充，优等生总结；中等生讲，卡壳时优等生提示、追问，潜能生提问；独立思考，争议部分自由讨论。

群学的基本模式：（1）中心发言式——一人作中心发言，其他学生作必要的修改、补充。这种方式有利于形成统一的意见，但易出现一两个人包办一切的现象。（2）指定发言式——组员举手，组长指定发言，其他组员有不同意见的，可继续举手发言，最后由组长综合大家的意见。这种方法保持小组讨论井然有序，但学生的发言受到一定的限制。（3）唧唧喳喳式——小组成员自由发言，讨论起来比较轻松自由，可以活跃学习气氛，但容易造成学习秩序的混乱，一般要与指定发言式交替进行。（4）两两配对式——同桌先进行交流，然后再小组讨论，它适用于难度较大的思考题和提高学生的发散思维。（5）切块拼接式——接受任务后，由组长进行分解，每个组员担当某一方面的"专家"，思考后再在小组内汇总，它适用于多步骤的操作训练题等。（6）接力循环式——组员轮流发言、作业，易用于开展小组内的学习竞赛，促进学习者平等竞争、共同参与。为便于操作，教师还可以研制一些非语言性的符号，如用一个人像表示讨论方式为中心发言式，用两个面对面的人像表示讨论方式为两两配对式等。这些方式本身并无优劣之分，关键是要求教师能根据布置的内容，灵活选用与之匹配的方法，只有这样，讨论才能高效、有序地进行。

◎ 逾越误区

"同伴学习"的氛围不够浓厚

据说，美国一些学校的教室里会绘制一张叫作"习惯树"的海报，作为学生品格教育的参照纲领。习惯树涵盖七个习惯，分别是：积极主动；有目标，有计划；做事分主次；从双赢的角度出发，利己利人；先理解别人，再求被人理解；协同、合作会更好；磨刀不误砍柴工。

上述七个习惯有三个是在促进伙伴关系的建立。比如，第四个习惯"从双赢的角度出发，利己利人"，进一步的文字解释是：我勇于争取自己想要的，但同时也会考虑别人的需求。我在别人的情感银行账号里放下我的存款。有矛盾的时候，我寻找能平衡彼此需求的解决方案。再比如，第五个习惯"先理解别人，再求被人理解"，他们的解读是：我仔细倾听别人的想法和情感，努力从他人的角度理解问题。听别人说话的时候，我不插嘴、不打扰。我很有信心说出自己的主意，别人说话的时候，我直视他的眼睛。当然，还有第六个习惯"协同、合作会更好"，具体的解读是：我欣赏别人的优点，向他们学习。我和大家和谐相处，即使他们和我很不一样。我能有效地进行团队合作，因为我知道合作比单打独斗能带来更好的解决方案。我保持谦虚的精神。

同学关系是校园里主要的人际关系，校园里每天都在产生着"同学"关系。建立相互欣赏、相互支持的同学文化，是"同伴学习"得以发生的根基。

应该避免两种破坏"同伴关系"的文化：

■ "挑战"文化：过于强化竞争、强调排名，甚至采用极端的挑衅语言做成"挑战书"张贴在教室里。这是对良好伙伴关系赤裸裸的伤害。

■ "卧底文化"：在班级中安插"眼线"，主张学生相互举报、打小报告，严重破坏同学之间的互信，导致同学关系恶化，甚至衍生出校园欺凌的恶果。

"同伴学习"的受益者不够明确

不少老师心存顾虑，在他们眼里，那些学困生不可救药，连老师都无可奈何，学生又怎能"妙手回春"？弄不好，那些学优生会被学困生"传染"，带到"沟里"去，这岂不是得不偿失吗？于是，从排座位开始，就让优秀学生远离学困生，躲还躲不及呢，谈什么"兵教兵"，这不是让学优生"自投罗网"吗？

其实，这忽略了"同伴学习"的实质。"同伴学习"的受益者并非只有学困生。有个观点说得很好：最好的掌握方法是说出来。学优生通过为学困生讲解、分析，自身对所学知识的理解更加透彻、深刻，分析问题的能力、语言表达能力，甚至人际交往和沟通能力都得到进一步提升，他们岂不是受益者？"同伴学习"是"双赢"的举措。至于担心学优生受到学困生的负面影响，这与"同伴学习"的方式无关，更关乎教师的管理、教育和引导水平，教师岂能将责任一推了之？

在日常教学中，许多老师有这样的困惑：为什么一个题目讲了很多遍，学生仍然出错。这往往是因为老师的思路离学生太远，一时难以被学生接受。"同伴学习"的方式之所以效果显著，其中一个很大的原因是学生与学生之间的知识水平、思维方式更为接近，他们之间的交流比师生之间的交流更为顺畅和自然。既然我们教的效果不好，何不换一个方式，由学生来相互帮助呢？

"同伴学习"的频度和时长不够恰当

要把握一个"度"的问题，过多采取"同伴学习"的方式可能会浪费时间，但过少则可能对问题的研究不够深刻。教师要根据学生和班级的具体情况，确定合适的度，力争恰到好处。如对刚接手的班级，要循序渐进，逐步培养学生的参与意识，使他们熟悉相关的规则、流程和操作方式，通过一段时间的磨合，实施"同伴学习"得心应手了，频度和长度就可以加大。

洋思中学的"先学后教，当堂训练"模式规定每堂课上教师讲授的时间不能超过 10 分钟，学生练习的时间不能低于 20 分钟；杜郎口中学的"三三六"自主学习模式要求教师将课堂的大部分时间留给学生，只用极少的时间进行点拨。他们把这种特色称作"10 加 35"（教师讲解少于 10 分钟，学生活动大于 35 分钟），或者"0 加 45"（教师基本不讲）。这些都是成功的经验。两者有一个共同的特点，都是老师少讲，把时间留给学生自主学习和"同伴学习"。当然，不同学段，由于教材难度不同，教师讲解的时间可能会有所不同，但是可以肯定的是，教师多讲效果不一定好，教师应根据班级的具体情况、讲授的课型确定学生自主学习和"同伴学习"合适的度，以提高课堂教学效率。

"同伴学习"学法的指导不够到位

"同伴学习"学法指导是解决学生开口讲解的良策。科学的"同伴学习"学法指导，能够使学生快速动脑，开口帮扶的效率大幅度提高。"同伴学习"学法指导包括三个要素：

- 明确的同伴帮扶内容
- 具体的帮扶方式
- 透明化的评价方式

帮扶内容是指教师向学生提出的帮扶问题。问题要清晰明确，具有可操作性，让学生一目了然。

帮扶方式是学生在"同伴学习"时采取的帮扶方法。如在"同伴学习"中，学困生先给优生讲解，优生进行必要的补充；或者优生先讲，学困生学会后，再给优生讲解。教师在刚开始运用"同伴学习"策略时，学生往往不知如何帮扶，因此，要对本节中提出的"对学""群学"的技术进行反复培养、操练。有了学法的指导，学生有章可循，就会迅速开动脑筋进入"同伴学习"活动中。

评价方式是指教师评估"同伴学习"效果的方式。在学生进行"同伴学习"时，教师应走下讲台认真观察学生活动的情况，迅速收集积极和不积极的小组或个人典型。待"同伴学习"后，教师首先评价其中的典型事件，引导学生积极参与"同伴学习"活动。其次，教师将小组的开口帮扶作为评价小组效率的重要依据，对整个小组进行捆绑评价，让他们"一荣俱荣，一损俱损"。最后，小组间适当引入竞争机制，可以有效调动学生开口讲解的积极性。比如，在"同伴学习"前，教师介入——"让老师看一下，哪个小组开口最快"；在"同伴学习"后，教师给出奖罚分明的评价——"在本次活动中，开口最快的是第三组和第五组，我们给这两个小组每人加上 1 分，以示鼓励！"

学生有了明确的帮扶内容、可操作的帮扶方式和透明化的评价方式，会迅速开动大脑这台机器，大大提高"同伴学习"的效率。

自我评估

你是否充分认识到"同伴学习"的价值？你能否指导学生恰当采用"同伴学习"的方式开展有效的学习？你的学生是否具备了与同伴互学的基本规范与能力？请根据自己的实际情况，在"是"或"否"后打钩。

1. 你觉得"同伴学习"过于理想化，很难实施。（是　　否）

2. 你认为学习尖子生经常与低水平学生交流会影响到他们的发展。（是　　否）

3. 你认为与其培养"小老师"花费太多精力，不如直接辅导学困生更有效。（是　　否）

4. 你的小组学习主要还停留在老师布置任务、学生完成上，并未形成学生相互协助的组织。（是　　否）

5. 你在座位排列、课堂任务分配的过程中，还没注意到学生的搭配问题。（是　　否）

6. 你认为学生应该按照成绩接近的原则来安排同桌，避免因成绩差距大产生负面影响。（是　　否）

7. 在课堂交流环节，你的学生并不能根据不同的学习阶段、学习要求准确找到自己的交流对象。（是　　否）

8. 你的学生尚未形成良好的倾听习惯。（是　　否）

9. 你不太注意对学生同伴学习的情况进行及时评价。（是　　否）

10. 你尚未对"对学""群学"的基本技术进行研究并在课堂上实践。（是　　否）

【计分方法】

各题答"是"计 1 分，"否"计 0 分。

你的自我评估得分为 _____ 分。

【评估结果】

"同伴学习"困扰度量表

分值区间	7—10	3—6	0—2
结论	困扰程度极为严重	困扰程度较为严重	困扰程度较小

【自我认定】

我的优势	
我的不足	
我的改进点	

12. 夯实一个基础：建立课堂规则

读完本篇，你应该能够回答下列问题：

提示
- 怎样理解课堂规则的价值？
- 建立课堂规则应遵循哪些要点？
- 如何让课堂规则真正落实到位？

◎ 原理阐述

课改以来，学生高参与度的新型课堂不断涌现，怎样才能"活而不乱"成为困扰许多教师的问题。要真正实现教与学方式的转变，就一定要踏踏实实地在教学实践中，通过有序的课堂规则的建立，提高课堂管理效率。

有效的课堂管理，实际上是在建立有序的课堂规则的过程中实现的。教师每天面对的是几十个性格各异的孩子，如果没有一套行之有效的课堂程序和常规，就不可能将这些孩子有序地组织在教学活动中。

实践表明，教师适时将一些一般性要求固定下来，形成学生的课堂行为规范并严格监督执行，不仅可以提高课堂管理效率，避免秩序混乱，而且一旦学生适应这些规则后会形成心理上的稳定感，增强对课堂教学的认同感。这种要求一旦成为学生的行为习惯，就可以长久地发挥作用，产生积极的管理效益和教学效益。相反，如果一个教师不注意课堂规则的建立，只凭借不断提出的各种要求、指令维持课堂秩序，不仅管理效率低，浪费时间，而且容易因要求不当引起新的课堂问题。

但是，很多教师存在课堂管理上的认知误区：有人认为，课堂需要高压政策，只要教师严格管理和控制，用奖励和惩罚的体系来纠正学生的不良行为，自然会有稳定的课堂秩序；有人则认为，只要我的课堂活动丰富有趣，学生自然会被吸引到课堂中，不需要课堂管理。

这些说法失之偏颇。我们经常见到一些老师上课时，需要不断花大力气去提醒和纠正学生的行为。这样不仅费口舌，而且每次纠正之后，老师和学生的情绪都会受到干扰，给课堂气氛带来消极的影响。

因此，教师在计划管理课堂时，应该考虑：我需要哪种课堂环境？建立这种环境需要哪些规则和惯例？如何使学生遵守课堂规则？如何加强和奖励学生遵守规则的行为？出现不良行为时，如何制止？实际上，在课堂上无数次有意或无意建立的临时规则，就是一个潜在的经营体系，直接影响教学效果。这个体系带着鲜明的教师个人风格，并且深深地打上了教师教育教学理念的烙印。

这里特别要提醒大家的是，不要将课堂规则看得过于简单，认为学校有校规，学生都应该知道，只要都照着学校规定的做，课堂秩序应该没问题。很多教师是"应该主义者"，总觉得学生应该懂道理，应该懂规则，应该都像个学生的样子。可惜这只是老师的主观愿望，客观现实未必如此。因为课堂规则是一种大体一致同时又很灵活的东西，甚至可以说，并没有绝对统一的课堂规则。课堂规则会因班级个性、教师个性不同而存在差异。每个教师都必须把自己的课堂要求向学生讲清楚，否则学生会无所适从。这种要求必须是合理且稳定的，不能变来变去。如果学生一时不能完全达到教师的要求，教师也不必怒气冲冲地断定学生是成心捣乱、和老师作对，因为让每个学生一下子记住各位教师的不同要求并非易事，学生也要有一个适应的过程。

有关课堂规则的内容，可以借鉴美国教育学家温斯坦制定课堂规则的四个原则：

- 规则应该是合情合理的、必要的。
- 规则应该清晰明了。
- 规则应该与教学目的以及我们所了解的人们的学习方法一致。
- 课堂规则要和学校的规章制度一致。

第一条原则强调，制定课堂规则一定要从学生实际出发，不能仅仅是为了老师的管理方便，而且每一条都要有充分的理由证明这个规定的合理性，课堂规则才能实行，一定要避免教师说的话就是规矩。

关于第二条原则，可引起我们反思的地方很多。不少课堂规则过于抽象、空洞。比如，课堂规则要求：上课要认真听讲。这样的规则看似正确，可惜太大、太空，不够具体，不易落实。有一位教师提出：上课要坐姿端正，专心听讲，积极思考，认真记笔记，做好课堂练习；教师讲课时必须目视教师。这就使"认真听讲"具体化，更具可操作性。

阐述第三条原则时，温斯坦举了一个例子：在追求秩序时，有的教师禁止学生在做课堂作业时互相说话，有的不允许学生之间有合作学习活动，他们担心学生太吵。显然，这些制止措施有时是必要的。比如，要求学生单独完成某一作业，好评估他对课堂内容的掌握情况。然而，如果这样的限制成为常态，那将是可悲的。研究学生学习方法的教育心理学家强调，学生们的互动是很重要的……

谈到这条原则，不得不涉及学校自习课的课堂规则。自习课到底让不让学生说话，一直是老师头疼的问题。从学生认知规律来讲，自习完全不让说话确实有害。可是五六十人的班级，一旦让学生开口，又很容易造成混乱。因此，我更倾向于在不影响其他同学的前提下，允许学生适当交流互动，以促进学生共同进步。这种灵活的柔性管理办法，老师要好好把握，学会具体事情具体分析。

第四条原则说明，制定班级课堂管理规则必须考虑学校的相关制度，不能相互矛盾。教师首先要熟悉校规，并以此为基础制定自己的课堂规则。当然，有些学校制定的课堂规则过于死板，教师在课堂上几乎没有什么发挥空间，这样的学校应该把一部分课堂管理规则的制定权交给教师，使教师可以因班制宜。

当然，仅仅满足于制定出课堂规则是不行的，关键在于落实。教师要对学生的行为及时进行监控，并随时予以相应的评价。不强调落实，所谓的规则就没有意义。只有当课堂上学生能按照规则要求形成自然而然的习惯时，这项任务才能最终完成。

要特别注意的是，适宜的课堂规则具有规范课堂行为、维持课堂秩序、培育良好习惯、促进课堂学习的功能。但规则如果制定不当，对学生肉体的规训、思想的束缚、心灵的伤害也是十分明显的。因此，必须对课堂规则加以审慎对待，教师应熟练掌握制定与使用课堂规则的相关技术。

◎ 技术精解

规则内容要精心确定

第一，条款明确。制定的规则应该是可衡量、看得见的，能准确地表达期望学生达到的标准。用词要简洁、具体，避免歧义。"带着课本、笔记本、纸和笔来上课"这种表述，要比"请准备好才来学校"效果好。因为前者在描述要求的行为上是明确的，它的意义也很清楚，而后者需要额外的解释。

第二，内容合理。一是以正面引导为主，多用积极的语言，多规定"做什么"，少采用"不准或严禁做什么"之类的语言，表现出对学生的尊重与期望。"上课期间禁止上厕所"，这种规则学生难以做到，不利于学生的身体健康。"上课时，两手要放在背后"，这种规则既不合理，也无必要。二是要为规则制定提供理由。规则不是随意制定的，要有支持其存在的充分理由。有关教育法规、培养目标、学校政策等都可以是制定课堂规则的依据。教师不仅要让学生看到规则表面的要求，也要看到其背后的意义。

第三，富有弹性。规则既要赋予每个人行为的准则，也要为教学交往、师生活动提供诸多可能性，提供必要的自由支配的时空。它既要规范人，又要解放人。规范人的目的是解放人，特别是对违纪行为的处罚性条目，可为学生设置选项。例如："要按时完成作业，保质保量，不抄袭别人的作业。

屡次不完成或抄袭他人作业者，主动向老师承认错误，尽快补交作业。"违反该条规则，由学生自愿选择以下任何一种惩戒方式：（1）书面说明未完成作业或抄袭作业的理由，并写明自己今后打算怎样改正；（2）在班内讲一个有关勤奋学习的故事，组织大家谈体会；（3）制作一份作息时间表，并向班主任说明自己今后怎样安排作业时间；（4）一周内配合班主任或科任老师提醒同学做作业、交作业，完成一定字数的工作感受。如果一种处罚方式已经丧失效力，则应斟酌其他的替代方式，所以在文字表述上应有弹性。

第四，数量适度。课堂规则应当少而精，如果太多，学生难以把握，教师也难以控制，规则的执行就会落空。对提出来的规则，师生要进行充分讨论、斟酌，抓住基本的东西，把真正需要的规则制定出来。有关研究者指出，课堂规则应"控制在十项以内"，也有的人认为"5条规则是学生能够容易记起的最大数字，根据年级不同，可以增加或减少"。规则较多时，应按重要程度排列，删去次要的规定。美国有位教育学家对应有的班规内容提出六条原则性的规定：（1）上课需用的文本文具，务必带齐；（2）上课铃响应立即坐定，并完成上课前的准备；（3）维持对人的尊重与礼貌；（4）老师讲课或同学询问、发言、讨论时，应注意倾听；（5）尊重别人的财物；（6）遵守学校规定。教室内常见的违规行为，如未带书本、文具，迟到，擅离座位，睡觉，聊天，拿别人的东西，破坏公物，环境脏乱，喧闹，打架等，都可以用上述六条规定来防范禁止。六条规定是原则性的，老师可再举例说明，如"尊重别人的财物"一项，可以包括：维持教室的整洁；不得涂污、毁损公物；借来的东西要归还；未经同意，不得擅自拿别人的东西。

制定渠道要丰富多元

课堂规则的制定千万不能变成教师的"一言堂"，应该考虑多元化的渠道，从而使规则更容易被学生理解，并自觉遵守。

一是"由上而下"定基调，指根据学校或班级的需求和特点，由学校或教师主导设计出某些常规的内容条款，要求学生遵守执行，作为教学管理的基础规范。比如，某小学为所有班级设立了以下几条课堂常规：（1）课上不换座位，不下座位，不随便出教室；（2）迟到的学生必须先喊报告，经老师允许方可进入教室；（3）课堂上不准吃东西、嚼东西，除非教师奖励或邀请；（4）课桌上不摆放任何与当堂课学习无关的东西。

二是"由下而上"重参与，指充分发挥学生的力量，由学生自主发起建议，设立管理常规的方法。比如：班干部根据班级实际情况，听取同学们的意见，一起协商，拟定一个规则，然后交由老师决定是否执行。

三是"平行复制"借智慧，指由学生发现别的班级特有的良好常规而建议本班同学也能采用并遵守的一种方法。比如：组织班干部参与其他班级活动，或者与其他班级学生展开交流，了解他们的班级规则后，借助外界的力量，修订自己班级的规则并施行。

四是"师生共商"讲民主，指由师生共同商定以某种良好的行为规则为本班共同遵守的常规。比如，教师在观察学生表现的基础上，有针对性地提出初步方案，并组织学生共同讨论，根据学生意见作出修改，让学生选择，最后达成一致，制定出本班的班级规则。这样做不仅符合民主程序，更有利于学生了解规则制定的价值意义，了解规则的内涵，进而认同、接纳、内化，使之成为自觉的行动。

从以上课堂规则制定渠道可以看出，在制定课堂规则时，不理解、不认同，也就谈不上自觉地执行。因此，要强化学生的参与。这个过程中，教师要注意做好以下三点：

- 提升学生对规则的拥有感，增加学生遵守班规的可能性。
- 强调学生自我控制和个人责任。
- 视学生为道德思考者，协助他们清楚班规背后所蕴含的道德观。

宣传推广要扎实到位

一套课堂规则制定了并非一劳永逸。有的老师说，那是我们全班同学一起制定的，每个人都参与了意见，学生心知肚明，这不就足够了吗？这样的认识是源于对学生特点的不了解。中小学阶段的孩子，思想还不成熟，行为缺乏自主性和稳定性。规则虽然有了，但如果没有一个长期的、持续的引导和影响过程，很多学生就会将所谓的"制度"和"规则"置之脑后。

因此，采取多种手段，对课堂规则进行宣传，强化学生的规则意识非常重要。典型的方法是写出规则并张贴于班级中，定期组织学生学习和解读规则的内容，阐述规则背后的实质意义。也可以不定时地让学生谈一谈近一段时间班级在执行课堂规则中的得失、感受。这些方式都能有效地让规则内容逐步深入人心，变成学生自觉行为的指南。

当有新生加入时，也须要求其仔细阅读课堂规则。许多中途转来的学生来自流动性很大的家庭，有些学生沾染了不良习惯，让这些学生有一个好的开端是非常关键的。教师可以指派班上表现好并得到其他同学尊重的学生来帮助新生学习课堂规则的相关内容，要保证班级里的每一个学生都在规则的覆盖范围之内。

监督控制要跟踪到位

对课堂规则的实施，教师要及时监督，反复巩固。那种只贴在墙上、未贴进学生心里的所谓"规则"，除了被学生"嗤之以鼻""大胆挑战"外，没有任何意义。教师可从以下几方面着手：

- 强化责任——在学年伊始，教师就要不断贯彻和强化各种标准以及对学生的期望，不仅要促使学生理解课堂规范的内容，为他们的学习和行为负责，还要帮助他们逐渐变得有责任心，让遵守规则成为自主需求。

- 密切观察——认真观察课堂活动，密切注意学生的动态，做练习、写作业时要经常巡视全班学生，能在学生的不恰当行为造成混乱之前就有所察觉。

- 关注全体——板书时，不要正背着学生，可以侧身一点，能用眼角的余光看到学生在干什么。单独辅导学生时，要站着，时不时地看一下其他学生，及时发现违规行为，并迅速处理。

- 精神集中——要善于进行多种策略的提问，及时提醒学生应该遵守的规则和惯例，控制好完成任务所需的时间。

- 定期回顾——定期组织班会，由学生讨论课堂常规的落实情况，进行自我反思，引导学生的行为与课堂行为标准相一致。

■ 适度奖惩——运用奖励手段鼓励正当行为，通过惩罚制止不良行为。奖惩的具体办法很多，例如教师表情上的赞同与不赞同、表扬与批评、给予学生某种荣誉或取消荣誉。教师的态度必须是积极的，并注意以下几点：一是根据实际情况灵活运用，以奖励为主；二是维护课堂规则的权威性，严格按规则实施奖惩；三是不能滥用惩罚手段，更不能体罚学生。千万注意要"一碗水端平"，不能时紧时松，否则课堂规则的建设和巩固就很容易陷入僵局。

修改完善要定期进行

规则要在执行过程中不断地调整与改进。教师可采取如下方式对课堂规则进行修订：

■ 遵循一定周期予以修订。比如，每个学期要做一次规范的修订活动。

■ 当学校制度发生变化，与现有规则产生冲突时必须修订。

■ 随着课堂进展，部分条款缺少实际意义或针对性较差，要及时修订。

■ 当有学生指出一些规则行为正在降低学习效率或侵犯了某些学生的权利时，就需要对规则进行重新讨论。

■ 教师认真观察，发现规则中的漏洞，及时提议进行修订。

■ 组织主题班会，讨论规则运行情况，发现不足，进行修订。

■ 赋予班委会成员相应的提案权，发现问题，及时修订。

◎ 逾越误区

教师没成为维护规则的"第一人"

教育一个重要的路径是"人的传递"，是生命影响生命。很多时候，课堂规则制定了却无法落实到位，很大可能是由于教师未能严格遵守和执行。在课堂中，我们不难发现以下行为：

某教师要求学生课前查资料，等上课一问，没有查的学生太多了，教师只能不了了之。问起这位教师，他无可奈何地说："每次都是这样，我也没有办法。"

某教师在课堂上建立了许多鼓励学生的规则，什么时候加分，加多少分，都规定得很细致。比如发言，主动发言、被动发言加的分不一样，什么时候给个人加分、什么时候给小组加分都有规定。但是就没有规定对违纪行为的制约规则，比如不倾听别人的发言怎么办，故意扰乱课堂纪律怎么办。结果，违纪行为愈演愈烈，鼓励的规则也无法产生应有的效果。

某教师要求学生就某一个问题开展小组合作学习。学生只是凑在一起，并没有真正讨论，几分钟之后，教师直接进入自己设定的下一个环节教学。学生慢慢"看透了"教师的这种做法，最终被动地等着教师的"标准答案"。

……

教师不能成为维护课堂规则的"第一人"，这样极容易在学生心目中失去威信。因此，制定好规则，教师应该坚持要求一致，这样才能为课堂规则的落实奠定扎实的基础。

忽略课堂规则制定的"关键期"

课堂规则的制定有"关键期"，如果不及时抓住，等到课堂上各类违纪行为此起彼伏了再想进行规范，必然非常吃力。

真正优秀的教师，总是善于在第一次见到学生时就清楚地表达课堂惯例并进行示范。这些老师通常会对要用的规则和程序作一个计划安排，防止学生一次背负太多的规则。在开学的前几周里，教师应该提醒学生正确的行为规范，如果他们没有遵守，就会立刻纠正他们。这种做法对于学生养成正确的做事习惯至关重要。

研究表明，有成效的教师与成效较差的教师在学期开头几周的管理有很大差别。有成效的教师在开头第一天就使活动井井有条、忙而不乱。他拒绝离开班级，在开学前几周内，坚持课堂规则，不仅反复训练排队、坐姿、削铅笔、作好上课准备之类的常规细则，而且还讲解这样做的道理，一旦发现违纪行为，便立即制止并提醒违反者注意有关规定。成效差的教师要么不向学生讲解有关细则，一旦发现违纪行为，只是笼统地提醒他们举止要守规矩，至于规矩是什么，学生不得而知；要么从不对课堂规则进行检查，对违纪行为不予理睬。

因此，新学期前几周的课堂行为对整个学年的纪律维护和成效具有决定性影响。抓住关键期，及时确立规则并监督执行非常关键。

制止违纪的行为缺乏"适切度"

有些教师缺乏课堂管理的经验，一旦出现学生违纪问题就用一些比较生硬的措施控制课堂，结果导致矛盾激化。学生表面驯服了，却埋下更深的危机。

面对课堂违纪行为，教师应该及时予以制止，但一定要保持"适切度"。教师向学生传递"停止"信息的方式是多种多样的，按其强制性水平可分为低、中、高三个层次。

■ 低强度——教师采取非言语的信号进行暗示。如某学生正在做小动作，教师以眼神示意或摇一下头，或者以不引人注意的方式走近该生，使其领会教师的意图。

■ 中强度——教师以言语、谈话等非强迫的方式向学生发出"停止"的信号，例如用言语让学生移走干扰物，停止不良行为。

■ 高强度——教师以改变音调的言语行动或以强制性的非言语方式，改变学生的不良行为。如大声命令某生停止讲话，要求学生站起来。

很明显，最佳的制止策略应该是低强度的、私下的，因为只有这样，才不影响课堂教学的继续进行，不分散学生的注意力。那种动辄大声训斥、威胁，或者讽刺挖苦，一人违纪、全班受训的方式，是要不得的。有经验的教师总是善于在学生不听讲的时候向其发问，或者通过表扬表现好的学生来间接地制止不良行为。

学生出现违纪情况，及时反馈、及时处理是非常必要的。但从另一个角度来讲，课堂教学时间非常有限，如果遇到相对复杂的问题，处理起来可能要耗费不少时间。教师要学会判断和取舍，是花大量时间非要把课堂纪律问题当场处理干净利索，还是暂且简单处理或不处理，课后再花精力具体处理？这要求我们树立课堂管理的大局意识，有时候，用规则对违纪学生步步紧逼反而把自己逼入了死胡同，如果暂时"放学生一马"，则退一步海阔天空。

不当座位调整带来的"后遗症"

学生的课堂行为受他们课堂座位的影响。坐在前排的学生往往听得专心，认为自己更受老师的喜爱，因而更多地参与学习。有些教师给学生分配座位时，主要关心的是减少课堂混乱，试图把爱吵闹的学生分开，让爱吵闹的学生坐在前排，坐到讲台前。这当然有利于教师对其违纪行为的管控，但也使课堂中真正学习活动的开展遇到了困难。

前面的章节中讲过，课堂合作学习，一定要使每一个学习小组各层次学生组合搭配，不同小组内大致平衡，即组内异质、组间同质。这既有利于小组内学生互相帮助，又有利于小组间开展公平合理的竞赛。让文静的、内向的与活跃的、外向的学生坐在一起，还能促进性格的互补。很显然，上面提到的座位编排方式让这种分组效益化为泡影。

更为极端的是，有的老师在教室最后一排的角落处设置调皮学生的"专座"，这极易导致学生的逆反心理，造成师生之间的对立，为后续的教育教学工作留下"后遗症"。

学生座位不应是固定不变的，可以考虑建立课堂座位的编排规则，经过全体学生同意，依据一定的时间段，适时调整学生的座位。这不仅可以促进学生课内交往范围的扩大，而且有助于维持课堂纪律，促使学生更好地参与课堂学习。

因边界不清恣意使用"惩戒权"

《中小学教育惩戒规则（试行）》明确提出，教师不得采取击打、刺扎等体罚行为；不得实施超过正常限度的罚站、反复抄写等变相体罚行为；不得辱骂、侵犯学生人格尊严；不得因个人情绪或者好恶，恣意实施惩戒。但有的教师对"惩戒"与"体罚（变相体罚）"的边界把控不清，不容易做到"适度"。加上有的教师情绪控制能力不强，冲动之下易犯错误，不自觉就游走于"违法"边缘，造成严重后果而追悔莫及。因此，掌握"惩戒"的具体含义，合理采用惩戒手段，是制定和实施课堂规则时必须注意的。

■ 惩戒的使用要谨慎——惩戒应该用于严重的不良行为，通常作为最后的方法来使用，不宜滥用。

■ 惩戒的手段与目的一定要有关联——"惩戒"本身是围绕错误展开的，其目的也是纠正错误，形成良好的习惯，教师千万不能带有"撒气""发泄"的想法，否则极有可能会演变成"体罚或变相体罚"。

■ 惩戒的方式必须是双方提前认可的——没有经过提前规则约定的"行为"不宜临时单方面制定处罚措施。教师要结合校规、班规等，提前就一些常见的问题与学生约定好惩戒方式。如果的确遇到了从来没有"约定"但问题又很严重的错误行为，师生可以进行沟通，用双方认可的方式惩戒。

■ 惩戒的方式是可以选择的——一种错误，应该有几种惩戒方式，学生可以自选，尽量避免惩戒方式的单一化。

■ 惩戒方式必须是"绿色"的——任何伤害学生身心健康的做法都不可取。特别是影响学生自尊的做法，往往使学生产生自卑、羞耻感，严重的会产生心理障碍。这点是最可怕的，务必杜绝。

自我评估

你如何看待课堂上的规则呢？你是否已经制定规则并让它们发挥了良好的作用？你在制定和使用规则的过程中是否存在困惑？请根据自己的实际情况，在"是"或"否"后打钩。

1. 你的课堂上存在一定的因规则缺失带来的"乱象"。（是　　否）

2. 你没有制定自己的课堂规则或者制定了但落实得还不够到位。（是　　否）

3. 你比较主张采取"高压式"的课堂管理模式，这样省时省力，效果更佳。（是　　否）

4. 你班级的课堂规则条款数量高于十条。（是　　否）

5. 你班级的课堂规则中有很多"不许""严禁""不得"之类的内容。（是　　否）

6. 你很少与学生讨论规则背后的意义。（是　　否）

7. 你认为课堂规则是用来管理学生的，当然应该由教师来制定。（是　　否）

8. 你没有组织过班委会或者全班同学对拟出台的课堂规则内容进行逐一讨论并通过。（是　　否）

9. 你没有在教室的显著位置张贴课堂规则。（是　　否）

10. 你没有组织过专门的座谈或者班会对课堂规则实施情况进行交流。（是　　否）

【计分方法】

各题答"是"计 1 分，"否"计 0 分。

你的自我评估得分为 _____ 分。

【评估结果】

建立课堂规则困扰度量表

分值区间	7—10	3—6	0—2
结论	困扰程度极为严重	困扰程度较为严重	困扰程度较小

【自我认定】

我的优势	
我的不足	
我的改进点	

13. 学会一个诀窍：利用错误资源

提示

读完本篇，你应该能够回答下列问题：

- 为什么说错误是课堂教学中的重要资源？
- 如何有效地利用课堂上学生的"错误"？
- 在利用错误资源的过程中，要注意哪些事项？

◎ 原理阐述

记得有位教育家说过：课堂是允许学生犯错误的地方。但许多教师并不认可这一点。学生回答问题时出现了错误，教师往往表现得极不耐烦。有的怕学生的错误回答浪费时间，粗暴地打断学生的发言，立即请其他学生重新说；有的怕学生乱说，打破正常的课堂秩序，学生一说完，教师就忙不迭地予以纠正；有的对学生的错误回答干脆不置可否，甚至不给答错的学生下达"坐下"的指令，学生只能一脸尴尬地站在那里……凡此种种，都表明教师在教学中对学生的错误回答重视不够，使"错误信息反馈"这一"软性教学资源"被白白地浪费掉。

某科学教育团到某城市访问，希望听一堂科学教育的公开课。接待人员安排了一所有名的重点学校为他们上了一节课。在教学过程中，老师教学目的明确，教学内容清晰，教学方法灵活。教师提问，学生回答，师生互动，气氛热烈，教师语言准确精练，教学时间安排精当。当教师说"这节课就上到这里"时，下课铃正好响起，顿时掌声雷动。可是几位听课者却表情沉重。当接待者请他们谈谈观感时，他们的回答出乎大家的意料。他们反问：这节课老师问问题学生答问题，既然老师的问题学生都能回答，这堂课还上它干什么？这种看似流畅成功的教学，实际忽略了背后的深层追求，学生通过这节课到底有什么收获？

这个案例引发我们思考：究竟什么样的课才是"好课"？在课堂上，"错误"到底有怎样的教育价值呢？

一是有助于显露真实的课堂。在学习过程中，正确有时很可能是一种模仿或有意的"隐藏"，可错误却是学生的一种学习原生态，是最真实的学习写照。如果课堂中学生的错误被老师忽略，学生的思考常常得不到正确与否的反馈，久而久之，学生不敢随意表达自己的观点，教师也无法从课堂上获得真实的信息，结果导致课堂上没有暴露问题，但课后却错误一片。有的教师为了鼓励学生，甚至不惜用一些美丽的"谎言"来帮助学生掩盖学习中的错误，这是极不明智的行为。须知，课堂是学生出错的地方，出错是学生的权利，帮助学生改正错误是教师的义务。因此，华而不实、美丽、虚假的课堂要不得。

二是有助于学习效率的提升。如果只注重节省教学时间，而忽视对学生错误的分析、纠正，教师的教学效果是没有保证的，教学的整体效率也不可能真正得以提高。实际上，这只能是一种舍本逐末的教学行为。有一个生物学术语叫"尝试错误"。正是经过无数次的"尝试错误"，动物的学习行为才能形成。学生在课堂中的成长也一样，谈论核心素养时，若不关注、倾听学生的声音，终究是无源之水、无本之木。不给学生犯错误的勇气和机会，他们就永远不可能成长。

三是有助于优秀品质的培育。认识错误的必然性，是非常重要的人生态度。具有承认错误的勇气，改正错误的意志和毅力，是相当重要的心理品质。人的一生会犯下大大小小的错误，要使学生能够正视错误，从错误中接受教训，总结经验，上述品质是必需的。

美国教育心理学家奥苏贝尔认为："假如让我把全部教育心理学仅仅归结为一条原理的话，我将一言以蔽之：影响学习的唯一最重要的因素，就是学习者已经知道了什么。要探明这一点，并应据此进行教学。"但是，我们如何才能够探明学生已经知道了什么呢？其实，在平时被我们所忽视的学生所犯的各种错误中，就蕴含着学生的丰富经验以及教师进行教育的大量机会和可能。

可惜，我们很多老师不愿意对学生的错误多加关注。这是为什么呢？

一是担心浪费时间。错误五花八门，一一去分析，岂不影响教学节奏，完成不了教学任务？干脆，为了顺利讲授预定的教学内容，只有回避错误、置之不理了。

二是盲目生气发飙。这么简单的题目，我又反复讲过，怎么还会出错！于是冷嘲热讽，挖苦一顿，或者不理不睬，来个"冷暴力"。如果恰巧班里有人听课，一旦学生出现错误，更是立即制止，有意掩盖，以防被人认为自己"教学能力欠佳"。

三是害怕驾驭不了。如果学生的错误回答超出了预设，老师容易失去驾驭课堂的自信心，往往会轻描淡写地告诉学生正确答案是什么，而不去引导学生深入思考。直接表现为，在学生回答错误时，老师往往会令其坐下再想想，而不给其进一步陈述理由的机会。

四是单纯重视结果。老师往往渴望自己的学生不要出现错误。在这种心理的驱使下，老师对待"正确"肯定比"错误"更为关注。当老师的关注点和学生的表现不一致时，老师会视错误为阻碍教学的拦路虎，容易忽略学生产生错误的过程，而只重视学生能否掌握正确的结果。

课堂教学的意图就在于让不同的学生都得到相应的发展，而我们的老师，往往更多关注怎样使教学更顺利，没有以关注学生为核心。在学生出现错误时，教师总是马上打断、立即纠正，甚至不悦。久而久之，学生发言时就会形成心理压力，不敢大胆表达自己的想法，课堂就失去了"安全属性"。这样就很难谈到情感、态度、价值观目标的达成，教师也无从获知学生思维的真实过程，对过程方法的指导也随之不能准确到位。长此以往，学生很可能就会变成只擅长模仿而不善于创新的人。

◎ 技术精解

承认学生出错的"权利"

试错是学习的一种重要方式，因此，对于正在成长中的人，"出错"本身就是学生应有的权利。

在课堂上，教师不承认或者有意忽略学生"出错"的权利，通常有以下表现：

▪ 当学生答题遇阻或给出非自己期望的答案时，教师往往不加理睬，大量地采用转向他人提问的形式，直至问到自己期望的答案。转问无果时，干脆代为回答。

▪ 为了让学生少犯"错误"，做什么事都要求学生按规定的某一标准行事，三令五申，决不能越雷池半步，对"不听话"的同学就加以处罚。

▪ 对学生提出的新观点和不同的见解，或敷衍搪塞，或不置可否，满足于寻找唯一的"标准答案"。

▪ 上课时，一切都按照自己设计好的教学步骤来展开，提什么问题，甚至说什么话都是预先安排好的，貌似精密，实则极其有害。

在教学观念上真正承认学生有出错的"权利"，教师首先要消除学生对错误的恐惧心理。其实，只要学生主动举手回答问题，至少能反映出两个问题：一是他在参与学习的过程，二是他正试图通过自己的努力来解决问题。学生只要是认真思考的，其回答往往带有一定的创造性，即使是错误的，也可以折射出思维的火花。教师要通过自己的行动使学生认识到，任何人犯错误都不可避免，"错误"本身具有重要的价值，暴露错误，分析错误，修正错误，这就是非常有效的学习方式之一。教师要鼓励学生敢于表达自己的真实观点。

正确对待出错的"现象"

一要学会"积极评价"。对待学生错误的回答，大致有两种评价取向：一种是消极的评价取向，老师用讽刺、挖苦、责骂的评价语句对学生的回答进行全面否定；另一种是积极的评价取向，即用柔性分析的话语指出学生的错误及出错的原因，同时肯定正确的部分并予以鼓励。比如，同样是面对学生的错误回答，采用积极评价取向的老师往往会这样说："回答得很有趣，动了脑筋，不过要是按照给定的条件会怎样呢？""没关系，再好好想想，想好了再补充。""听听其他同学有没有不同见解……"这样的回答，既明确无误地使学生知道自己的回答是错误的，同时又保护了学生的自尊心和求知欲，营造了轻松愉快的课堂氛围。积极的评价语言是抚慰学生稚嫩心田的春风，运用得当，能够有效地激发学生的上进心和创造欲望。从积极评价的角度看，即使是错误的回答，也不是完全没有价值的。如果处理得当，错误也会发挥积极作用。积极的评价建立在对人的主体充分尊重的基础之上，师生关系平等，拥有同样的人格尊严，这是实施教育的一个基本前提。

二要学会"耐心等待"。当发现学生的回答有"越轨"的苗头时，不要一下子扼杀，要鼓励他们"言无不尽"，把想说的全部说出来，给足学生时间。这样不仅可以保持学生旺盛的求知欲，而且维护了他们的自尊。如果学生已经发现了错误，要重新给他自我矫正的机会，而不是立马对其回答"盖棺定论"。学困生也有强烈的自尊心，他们渴望得到尊重、理解和爱护。尤其在课堂上答错问题时，如果得到老师的立刻否定，那么他在整堂课上就会情绪低落，次数多了，容易产生厌学心理。这种推迟性评价的方式，能够让学生重新找回自信和勇气，对之后的课堂学习产生积极的影响。

抓住学生出错的"机会"

一是关注错误，寻求突破。当学生在课堂上出现错误时，教师不要急躁，也不必急于纠正，要允许学生从不同的角度、以不同的方式思考解决问题，允许学生在同一问题上多次出错。针对出现的错误，老师不必直截了当地去纠正，可以装点糊涂、卖点关子，不动声色地给学生提供"自我反省，自我否定"的机会。一位数学教师在教学《化简比》后，出示 2/7∶2/9，要求学生化简。一个学生板演出 2/7∶2/9＝7∶9。面对这一错误，教师没有马上说出正确的结果，而是让那位同学说出自己的想法，再组织学生猜测、举例、验证，最后达成共识：凡分子相同的两个比，它们的整数比就是前项、后项的分母调换位置写出的比，根据比的基本性质计算后得到最简比。这位教师充分利用课堂上的突发性错误，化弊为利，耐心细致地引导学生纠正错误，使错误的正面价值达到最大化。

二是辨析错误，反思成长。一旦学生出现错误，教师要多对学生出错的前因后果进行分析，找到问题的症结所在，让学生自我反思，拓展思维宽度，帮助学生建立灵活多元的思维体系。在学习《秦兵马俑》时，教师问学生："你们看到规模如此宏大的兵马俑，有什么感受呢？"有学生回答："这些兵马俑都是国宝，如果拿出来卖，该卖多少钱啊？"学生哄堂大笑。教师并没有斥责这个学生，而是笑着追问："你说说看，到底能够值多少钱？"这个学生犹豫了半天，说："每一个兵马俑都是我们老祖宗留下来的宝贝，给多少钱都不能卖，是无价之宝。"教师肯定了学生的说法，继续引导："我们祖先留下了很多宝贵的文化遗产，但由于一些历史原因，很多国宝还遗留在海外。如圆明园的十二生肖铜像还没有完全归位，我们当然不能做败家子。"教师抓住学生回答问题时出现的错误进行引导，很自然地促进了教学生成，让学生有了更多收获。

三是收集错误，服务教学。教师要善于从学生的各种"错误"中剥离出有意义的、共性的、有价值的部分，不断积累、加工、整理，让"错误"真正成为有价值的教学资源。比如，有的教师专门挑拣学生作业和练习中的典型错误，重新组合、变形，命制小测试卷，定期交由学生完成。这样的方式，既契合学生的学习实际，又能调动学生挑战自我的积极性，虽然简单，但效果颇佳。

四是认识错误，总结提升。学生出现错误，有时是因为认知发生偏差，有时是思维出现故障，有时是由于不良的学习习惯。这看似是个别错误，却常常蕴含着一些普遍性的东西。教师要抓住机会，善于总结，以便引起全体学生的注意，从中获得启发或吸取教训。"不跌倒在同一个坑里"，这就是不断总结错误的价值所在。如果课堂上学生普遍出现同一错误，一定折射出教师教学方法的偏差，这就需要教师认真反思，查找自己的不足和教学失误，追求教学水平的提升。

巧妙设计出错的"陷阱"

一是教师人为地设置"陷阱"，诱导学生"犯错"。有意识地给学生挖一些思维的"坑"，让学生在真实、饶有兴趣的考验中经历选择、辨析、批判的过程，发展学生的思维能力。学习"3的倍数"时，教师故意设置"陷阱"："一个数是不是2、5的倍数，要看它的个位。同学们猜想一下，个位上是几的数是3的倍数呢？"学生异口同声地回答："个位上是0、3、6、9的数是3的倍数。"这时，再结合具体的数字，师生共同验证，学生很快便发现这个猜想是错的。在此基础上，教师及时指导，引领学生变换角度去探求新知。学生掉进"陷阱"，又从"陷阱"里爬出来，在教师所设的"陷阱"中大胆反思、批判、辨析、对比、判断，教学的难点迎刃而解。

二是教师巧妙地露出"破绽"，引导学生"挑刺"。课堂上，教师有意识地把一些题讲错，不仅可以借机教育学生要敢于质疑老师、质疑书本、质疑权威，而且还能调动学生课堂学习的积极性与主动性。在学习高中生物"能量之源——光与光合作用"一节时，上课一开始教师板书课题"光和作用"，很快就听到下面有同学在窃窃私语。教师问学生："有问题吗？"有学生小声回答："老师，您好像写错了。"教师看看黑板说："没错吧。""老师，您把'合'字写错了。"学生的声音大了一点。"是吗？"教师故作疑惑地说，"你们帮我查查吧。"学生很快异口同声地说："老师，您错了，光合作用的'合'不是和气的'和'。""哦，真错了。"教师改好以后，对学生说："谢谢大家，希望大家以后不要再犯我的错误。"学生们笑了。接着教师问："哪一位同学能说一说'光合作用'中'合'字的含义呢？""合成的意思，是指利用水与二氧化碳合成有机物。"学生们很轻松地回答。该教师用自己创设的"错误"实现了教学预设的目的——把学生引入新课学习，也促成绝大多数学生不会犯同样的"错误"。

认真做好出错的"记录"

为了让"错误"资源发挥更大的作用，教师要指导学生用好"错题本"，鼓励学生把作业、习题、试卷中的错题整理成册，便于找出自己学习中的薄弱环节，使学习重点突出，更加有针对性，进而提高学习效率。

错题本并非简单的错题摘抄，而是在学习过程中，把各种易错难点、典型题、类型题进行分类整理和总结。错题本的内容一般包括四个部分：错误原型、分析原因、标明解题的正确方法（最好有完整的分析过程）、提出改进的措施。具体来说，可采用"四步整理法"：

- 第一步，将做错的题目抄录到错题本的原题栏中。
- 第二步，将正确答案记录在错题本的分析栏中，并将改正思路一并记录下来。
- 第三步，进行错题的原因分析和总结，并记录错题时间与错题来源，方便日后查找与复习。
- 第四步，不断复习和巩固错题，经常翻阅和复习错题本中的错题，针对错题及错题所反映出的知识点的薄弱环节，有的放矢地查缺补漏，直到完全掌握为止。

错题本准备好之后，最忌讳的是"束之高阁"，教师要把正确的使用方法教给学生。通过对学生的调研，我们得出了如下使用"错题本"的相关要点：

- 经常阅读，与错误多"见面"，养成随时翻阅错题本的习惯。
- 同学间交换"错题本"，互相借鉴，互相启发，共同提高。
- 完善"错题本"功能模块，如标出"概念错误""思路错误""理解错误""审题错误"等错误原因，标出"错误知识点"，写出答题的方法和技巧。
- 坚持携带并随时整理、翻阅"错题本"。

- 用建立索引的方式形成标记，便于查找。
- 简单失误导致的错题且确定已经掌握，不用列入错题集。

◎ 逾越误区

想方设法掩盖"错误"

传统优质课堂的评判标准之一——课堂的所谓"流畅度"和"高准确率"，误导了部分教师的课堂行为选择。当学生出现错误时，为了避免外界给自己扣上教学能力不高的"帽子"，教师掩耳盗铃，对错误视而不见，甚至想方设法掩盖错误，结果导致种种课堂教学的后遗症。

出错，是因为学生还不成熟，认识问题往往带有片面性；出错，是因为学习是从问题开始，甚至是从错误开始的；出错，才会有点拨、引导和解惑，才会有研究、创新和超越。教师不应将错误视为洪水猛兽，唯恐避之不及，或"快刀斩乱麻"，以一个"错"字堵住学生的嘴，接二连三地提问，直至得出"正确答案"；或亲自"上阵"，把正确答案"双手奉上"。可以想到，不让学生经历实践、获得体验，从"错"中寻找方向，结果就可能阻断他们迈向成功的道路。

布鲁纳说，"学生的错误都是有价值的"。教师不仅应该引导学生在回味、疑惑、反思的境界中"去粗取精、去伪存真"，让学生带着火眼金睛发现错误，还要适当地设置一些有一定思维价值、能激发学生惊奇感的问题，让学生在辨析错误的同时激发兴趣，带着如何解决这些问题的强烈愿望去迁移知识、分析思考，从而加深对知识本质的理解。

不能正确评价"错误"

面对学生的错误，教师该如何做呢？观察课堂，常见四种不妥当的处理方式：

- 粗暴打断，让其他人重说。

- 急忙纠正，怕打乱了秩序。

- 不置可否，把学生晾一边。

- 上纲上线，进行人格评判。

不恰当的评价方式，背后折射出的是教师对学生心理需求的忽视，是对课堂教学规律的违背。面对学生的"错误"思考、错误答案，教师应做到以下的评价要求。

一是不打击学生学习信心。应尊重、理解、宽容出错的学生，不斥责、挖苦学生，学生在课堂上才会没有精神压力，心情舒畅，情绪饱满。在这种情况下，学生的思维最活跃，实践能力最强。教师可以坚持以下几个"允许"：

- 错了允许重答。
- 答得不完整允许再想。
- 不同的意见允许辩论或争论。
- 遇到困难了允许向其他人求助。

二是不模糊对错。不打击学生的学习信心，并不代表对学生的错误故意模糊处理，这无助于学生自信心的建立。相反，一定要让学生知道自己的回答对与否，知道哪些地方合理，哪些地方不合理。这是评价非常重要的目的。学生的回答基于自己对问题的理解，反映了他目前的认识水平和状态，回答后他需要反馈，需要知道自己的认识是否正确，老师是他信任的判断者。老师无论用怎样的评价方式，最终都要让学生知道他的回答是否存在问题，改进的方向在哪里。

羞于承认教师"失误"

课堂上，教师难免会出现一些知识讲解的错误。有些教师怕丢面子，不敢承认，甚至干脆强词夺理，大声斥责学生，试图掩盖谬误。这是非常不明智的选择。学生的眼睛是雪亮的，他们哪有那么好哄、好骗呢？结果不仅破坏了良好的课堂教学气氛，而且打破了教师在学生心目中的形象。

"金无足赤，人无完人"，教师偶尔出现失误也是正常情况。只要态度诚恳，勇于承认和改正错误，教师不但不会损伤自己的威信，反而会得到学生的谅解和称赞。如果教师能够充分利用错误资源，借题发挥，启迪学生的智慧，拓展学生的思维，那很可能会把"坏事"变成"好事"。

如果课堂中不小心出现了失误，该怎么做呢？可以抓住以下几个要点：

■ 保持态度平和。当学生指出错误时，教师不该恼羞成怒，更不该羞愧不已，因为过度起伏的情绪状态会影响接下来的教学。

■ 迅速理顺出错的原因，以便给学生作出正确的说明。

■ 对学生能大胆指出老师的错误给予肯定，营造求真务实的学习风气。

■ 对出现错误的知识点重新进行讲解，并确定学生们都能正确理解。

■ 为自己之前讲解错误向学生诚挚地道歉。

■ 进行深刻的反思，更加认真备课与授课，避免类似的错误发生。

自我评估

你如何看待课堂上学生的错误？为什么说学生的错误是重要的学习资源？你掌握利用错误资源的有效策略了吗？请根据自己的实际情况，在"是"或"否"后打钩。

1. 你在课堂中更关注学生的正确答案，认为这样更有利于学生达成学习目标。（是　　否）

2. 你觉得如果课堂上过多处理学生的错误会浪费时间，影响教学进度，得不偿失。（是　　否）

3. 你认为学生出现一些莫名其妙的错误是不可原谅的，是学生不认真听课的结果。（是　　否）

4. 当学生提出一些不是标准答案的新观点或者见解时，你认为没必要过度关注。（是　　否）

5. 你对回答错误的学生极少给予积极评价。（是　　否）

6. 你不太注意收集、整理、分析学生课堂上或者作业中的错误，并作为自己新的教学起点。（是　　否）

7. 你没有对学生的错误进行归类、分析、总结，并引导学生注意。（是　　否）

8. 你从来没有在课堂教学中有意识地设置错误的"陷阱"或者故意露出"破绽"。（是　　否）

9. 你从未指导学生如何制作和使用错题本。（是　　否）

10. 你觉得老师在课堂上出现错误是一件羞耻的事，因而不愿意承认或者故意掩盖。（是　　否）

【计分方法】

各题答"是"计 1 分，"否"计 0 分。

你的自我评估得分为 ＿＿＿＿ 分。

【评估结果】

错误资源利用困扰度量表

分值区间	7—10	3—6	0—2
结论	困扰程度极为严重	困扰程度较为严重	困扰程度较小

【自我认定】

我的优势	
我的不足	
我的改进点	

14. 尝试一个做法：调整学习环境

~~~~~~~~~

提示

读完本篇，你应该能够回答下列问题：

● 教室环境与学习质量有什么关系？

● 良好的教室环境具备怎样的基本特征？

● 如何发挥学生在教室环境创建中的作用？

◎ 原理阐述

在学校时，我曾经重点推动一项工作：教室的设计与布置。我鼓励各个班级有自己的文化理念，有自己的审美追求，力争形成风格多异、五彩纷呈的教室文化。我提出的一个理念是：改变教育，让我们从设计一间教室开始！

现在回想起来，那时候做这件事的出发点，主要是基于"环境育人"的理念。杜威说过：要想改变一个人，必先改变他的环境；环境改变了，他就被改变了。教室是学生学习的场所，是学生成长的家园，也是学生活动时间最长的地方，其影响作用是显而易见的。因此，一个好的教室布置，最能体现出班级的建设、班级的文化，还能让学生产生对环境的认同感、归属感，于潜移默化中达到育人的目的。

其实，教室环境的价值远不止如此。今天要谈的话题，就是教室环境与学生学习效果有怎样的关联。在学校里，我们不难见到这样一些现象：

一间六七十平方米的教室，密密麻麻地摆放着五六十张桌子，人挨人、人挤人，杂乱无序，教室后面仅有的一点空间，被横七竖八的扫把、拖把、垃圾桶占据了。窗帘歪斜、卷曲着，教室里光线阴暗，空气浑浊，看起来乱糟糟的，地面也污浊不堪。问起来，班主任常常以班额太大、空间太小为由，推脱责任。

教室里的布置凌乱陈旧，公开栏里张贴的纸张破损或"耷拉着脑袋"，黑板报的字迹都已经模糊了，仔细辨析，不难看出已经是几个月前的内容，与当下的时间完全不吻合，里面甚至夹杂着明显的错别字或乱勾乱画的痕迹。问起来，班主任觉得自己事务繁忙，这些小事，无暇顾及。

这些做法都没能很好地发挥教室空间的价值，直接影响和制约着学生实际的学习效果。

英国教授彼得·巴雷特领衔的一组研究者，在全英国对 27 所小学 153 间教室和 3776 名学生研究后发现，简单地改变教室的设计和装饰，就能够对学生的学业进步有显著影响。

巴雷特教授的研究小组从每一间教室的大小和设计，以及像温度和湿度之类的多种环境因素方面着手，进行了系统研究，收集了学生在阅读、写作和数学三门课程上的学业水平。通过比较学生一年开始和结束的学业水平变化，他们发现，教室环境变量对学生进步的作用占到 16%。

巴雷特教授的研究指出，影响学生学习的教室因素可以概括为七个方面：采光和照明、空气质量、温度、灵活性、拥有感（把学生的作品贴满整个教室）、复杂性（让教室墙壁有 20%~50% 的空间空着）、颜色。尽管这七大因素众所周知，但往往没有引起教师的高度重视。

这个研究成果带给我们以启迪：影响学生学业的因素中，"教室"也是不可或缺的一个。真正重视这个因素，通过合理的方式设计、布置和适时调整教室环境，教师能够积极影响学生的舒适感，以及他们与教师互动的程度，进而推动学生学业的提升。

做好这项工作，需抓住以下几个要点：

一是统一认识——这是工作的前提。教室空间的打造需要师生共建。不同的学生，认识可能存在差异：有的学生能够正确看待环境与学习的关系，有的学生可能认为在教室环境上下功夫是画蛇添足。学生爱护环境的意识也有较大差异，需要老师多引导，利用班会等途径向学生解释环境的重要性，达到思想统一、行动一致。

二是学生参与——这是工作的重点。学生要成为教室建设的主体，教师要多咨询学生的看法，多听取学生的建议，多让学生动脑动手。比如，绿植花卉的选择、布置、照料可以交给学生；班级文化墙也要交给学生，自己选材，自己设计，最好是用学生书写的字、画等；墙壁上的励志标语、名言等也鼓励学生自创，写得好的可以上墙，署上自己的名字。这样不但节省了老师的时间，更重要的是锻炼了学生的能力，增强了学生的主人翁意识，使学生更有存在感、价值感，更热爱班级、热爱学习。

三是挖掘价值——这是工作的目的。教室空间建设不是目的，不是结果，而是一个过程，一个教育契机。比如，在教室里精心摆放绿植，能够美化环境，缓解学习疲劳，使人心情愉悦。再比如，调整班级桌椅摆放形式，就代表着不同的学习形态，有利于形成良好的学习氛围。不断揭示教室布置和学习的内在联系，能够对学生产生更多的积极影响。

因此，对于教室中的每一个空间建设，教师都要以发现的眼光、科学的眼光、创新的眼光来挖掘它们的独特价值，赋予它们教育的能量。

美化教室也要贯彻一定的操作原则：

- 注意安全，杜绝空间布置中的安全隐患。
- 定期变化，避免审美疲劳，一般一个月左右调整一次。
- 教育为先，教室布置充分蕴含教育价值。
- 师生合作，尽量让孩子参与设计、布置和管理。
- 讲究实用，不只是装饰与点缀，应配合教学所需，有学科特色。
- 整体美观，颜色不可太多，要讲究色彩间的协调。

相当一部分教师并未真正重视教室设计与布置，做好这方面的研究和实践就成为不能忽略的教学策略。教师要能够试着通过教室空间的建设，发挥环境刺激的作用，减少对学生的负面干扰，让学生心情愉快、情感丰盈，潜移默化地对学生的学习行为产生积极影响。

◎ 技术精解

教室设计的核心：赋予师生"所有权"

所谓"所有权"，指的是设计一间教室，让学生和教师感到他们拥有周围的空间，而不是与己无关。我们常常看到，学校为了教室的布置，统一购置、发放名人画像或名人名言等装饰资料，或者教师为了减轻布置教室的工作难度，网购一些"标准化"的美化产品。这些资料大多远离学生真实的生活，难以与学生形成互动，虽然做法简便易行，但难以发挥环境的影响功能。

在教室空间建设中，教师应该遵循一个关键词，就是"与我有关"，即这个设计"是我的，而不是别人的"。没有参与感的设计，不会有情感的体验、共鸣，也就不会有真正的成长。所有把学生当作"看客"的教育行为都是低效的。

教师要切换思维模式，在考虑教室设计时，能够像"滚雪球"一样，有意识地把越来越多的"无关者"裹挟进来，让越来越多的人与教室设计本身产生关联，那么，环境布置就成为众人一起孵化而生的成果，人人都会因"与我有关"而积极参与其中，成为意义的传播者。

教师要敢于放手，让学生真正成为教室设计的主人，并在环境内容的安排中，加强与学生的关联性。可以把握以下要点：

■ 询问学生——教室里的哪些布置你最喜欢？哪些布置最能支持你的学习？通过信息收集，教师能够把握教室设计的方向和基础。

■ 力求学生参与——例如，黑板报可由四人小组轮流负责，有明确要求，每次出黑板报时，做到仔细认真、分工合作、团结互助。

■ 展示学习成果——通过墙壁、展板、电子班牌、多媒体设备、黑板报、窗台等空间，展示学生学习的成果，如作业、试卷、作品等，可以"成长足迹""我的地盘我做主"等命名，与学生个体更多地产生联结。

■ 鼓舞人心的榜样——可以"你追我赶""和自己赛跑""我能行"等命名，张贴学生光荣榜，如上课认真听讲的，作业完成及时的，为班级服务的，帮助他人的，成绩优异的……教师要适当降低门槛，每个学生都有亮点，按规则均可上榜。

■ 心愿墙——每月或每学期设置一次，由学生填写，悬挂或张贴，作为学生奋斗和相互激励的目标。

■ 用好图书角——可以设计"图书漂流活动"，让学生在图书上留下阅读记录，以此营造书香浓浓的读书氛围。

■ 避免张贴学生分数与名次——许多老师使用数据墙来激励学生，虽然它们利于表扬表现优异的学生，但也可能会给需要努力学习的学生带来事与愿违的结果，使他们感到羞耻和沮丧。因此，要谨慎布置。

教室设计的关键：理念与实践相结合

每个班级都有自己的管理理念，每位教师也有自己的教学要求、教学风格，教室的设计不能与此脱离，更不能与此相悖。因此，考虑教室布置时，教师必须思考，怎么才能够通过空间设计最大限度地配合教师的教学主张和教学要求？要让教室空间设置为教师日常教学管理提供服务。

比如，教师主张学生自主学习，强调"兵教兵"的学习策略，那就不妨把美国缅因州的国家训练实验室的研究成果"学习金字塔"简图张贴在教室墙上，以此提醒学生，不同学习方式效果截然不同，学习效果超过 50% 的有团队学习、主动学习和参与式学习。

再如，如果教师主张师生用积极的情绪来促进学习，那就可以在墙壁上张贴一棵"积极情绪树"，悬挂乐观、认真、坚持、团结、尊重、友善等积极的词汇卡片，也可以让学生把自己在情绪培育上努力的目标写下来和展示出来。这对学生的正面教育和管理都起到良好的作用。

教师希望出现在教室里的学习行为是怎样的，就要采用相应的教室布置，以提供支持的力量。

教室设计的重点：布置讲求"科学性"

一要注意教室的光线和通风状况。要特别注意自然光、空气质量和温度的水平，做到这样几点：

- 如未遇到眩光或外界干扰的问题，不要用装饰物遮住教室的窗户，让自然光进入教室。
- 靠南的窗子要安装浅淡冷色调为主的窗帘。
- 灯光最好以接近日光的光源为主，不要用度数小、光源效果不佳的白炽灯泡。
- 不要在光源上布置彩条类的装饰材料。
- 组织学生定期开窗通风。

二要注意课桌对学生注意力的影响。课桌上的物品摆设会刺激、干扰学生的注意力，应要求学生做到以下几点：

- 第一排课桌距离黑板至少两米。
- 课桌摆放有序、整齐，并排的课桌要处在一条线上。
- 课桌上除了老师规定的当堂课本文具外，原则上无其他物品，便于学生书写。
- 桌面不得乱涂乱画乱贴，物品要摆放整齐。
- 下课时，学生须整理好桌面物品，放在课桌的左上角。

三要注意教室卫生对学生注意力的影响。实践告诉我们，教室卫生环境较差的班级，会对学生的心理产生很大的负面影响，特别是对女同学更为明显。心理不适会使学生上课时注意力不集中，学习效果差。因此，营造一个舒心、干净的环境，不仅对学生的身心，而且对学生的学习都有很大的益处。教师要引导学生养成不乱丢垃圾的习惯，并定期组织班级大扫除。

四要注意适当扩大教室内外可利用的空间。可由学校统一要求，将教室外部的走廊和过道划归班级管理。在设计教室布置方案的时候，可将教室之外的空间一并考虑进去。

五要注意适当改变教室空间和色彩。可以用低矮的小隔断改变教室的空间，用盆栽的装饰花木等美化教室，同时调节教室色彩。

六要注意改变教师的办公地点。可在教室内开辟教师办公角，来缩短师生间的距离。

七要注意做好教室墙面的装饰，应更为规范。英国的一项研究表明：当墙壁上有装饰时，学生受益最大。"墙壁上的展示应该为教室提供一种活泼的感觉，但又不会显得混乱。根据经验，20%~50%的可用空间应该保持干净。"因此，做好墙壁展示要把握这样几点：

■ 避免混乱、过满——至少保持20%的墙壁空间是干净的，不宜杂乱无章。

■ 栏目清晰、有序——根据教学需要和班级建设重点设计墙面内容，栏目要清晰、新颖、有吸引力。

■ 色彩明快——严格挑选，布置一些简易、明快的装饰品，如学生图画、学生照片、班级标语、班级公约、卫生角、英语角、黑板报等内容。

■ 适当的学习工具——例如各类图表、思维导图、知识树、活动海报等。可根据学习任务的进展实时更新。

■ 墙壁颜色舒适——可以打破四面白墙的束缚，试着把一面或两面墙涂成明亮的颜色。比如，通过贴图、墙纸、班级艺术品等，把部分墙壁设计为绿色，减少视觉上的杂乱，让学生更好地集中注意力，产生宁静平和、舒适愉悦的感觉。

教室设计的难点：座位设计"多样化"

不同的座位布局方式，会对学习产生不同的影响。尽管部分教师受限于教室空间过小或者学校特殊要求，但因地制宜，根据教学需要，使用现有的桌椅板凳，教师仍然可以形成不同的教室布局，为学生提供更多的选择。

■ 秧田式——传统的桌椅摆放形式，两张椅子排在一起，让相邻的学生能成为学习伙伴。学生间相互干扰少，但对于较为主动的学习方式来说是不利的。

■ 马蹄型——让学生面对面接触，这样学生能有自己的桌面读写空间，还可以直接看到老师与视听媒体，老师也能随时走入马蹄形中间发讲义。这种排列方式要确保马蹄形之间有足够的空间。

■ 分组式——以小组为单位，学生围坐在合并起来的课桌周围，能促进小组互动，培养学生沟通、合作以及解决问题的能力。其潜在的问题是自制力不强的学生容易开小差，需要教师加强课堂管理。另外，有的学生需将椅子稍作调整才能看到黑板和老师，建议将每小组中背对教室前方的椅子撤走，以免学生频频转头影响听课效果。

■ 圆型——撤走所有桌子，把椅子排成圆形，促进学生面对面沟通。如果排成大圆圈，则适合进行全班讨论。如果学生需要桌子写字，则把桌子排在圈外，当学生需要写字时可直接转过去。

事实上，没有一种安排座位的最佳方法，只有适合教师教学理念和教学特点的方法。如果教师非常注重小组学习，则应按照便于小组学习的方式布置，以便学生相互交流和合作完成小组任务。注重讲课的教师安排座位时，应以更加传统的行和列排列，使学生可以清楚地看到老师。座位布局的选择不一定是一成不变的，教师可以根据情况变化进行相应的调整。

◎ 逾越误区

千室一面，缺乏创新性

走进不同区域、不同类型的学校，很多教室呈现出"相似的面貌"，普遍缺乏新意和个性，很少能让人眼前一亮。譬如，黑板报绝大多数以学校规定的主题为主，内容单一，制作流于形式，大多采用僵化的固定模式。墙壁装饰也呈现形式和风格单一化、固定化趋势，无外乎班规班训、名言警句、学习园地等传统格局和元素，缺少自主意识和班级个性。课桌椅的摆放仍旧以秧田式为主。教室角落的布置，除了必备的卫生角、图书角外，其他角落利用率低，缺乏新意，难以从整体上给人以和谐悦目之感。

出现这一问题的原因主要有两个：一是教师缺乏对相关理论的了解。教育生态学理论是教室环境布置遵循的基础理论，在"升学率"为第一要务的教育背景下，学校并不注重班主任在这方面的学习和研究。二是教师缺乏创新意识和能力。繁重琐碎的日常教学任务与班级工作，让教师将更多的精力放在提高升学率这一重点工作上。再加上学校对班级文化建设重视不足、监督不够，教师不肯在教室环境布置上下功夫、动脑筋，缺乏新想法、新作为，致使这方面的工作难以有所建树。

可以通过以下要点寻求改变：

- 充分认识教室环境建设的育人价值及对学生学习的影响。
- 读一本相关理论的图书，掌握教室环境建设的基本常识。
- 成立教室设计学生团队，让学生成为教室的"设计师"。
- 坚决放弃庸俗的、学生不感兴趣的设计内容。
- 定期更新，保持新鲜感。

孤木难支，缺乏支持力

很多一线教师在教室布置上不乏创意和设想，但往往最终没能将其落实到行动上，变成真正的"作品"。譬如说，班主任想要彻底改换黑板报形式，追求新颖丰富，但实际制作出来的却仍是原来的风格；想打破教室墙壁被白色"统治"的固定格局，采用绿色、黄色、蓝色等其他鲜艳一些的颜色，但最终只是想想而已；想过布置绿化角、图书角、作品角等，但实际情况还是很多角落处于空置、杂乱状态；教室里照明灯、电风扇以及教学仪器和设备的完善更是难以实现。

究其原因，不外乎三点：一是学校资金紧张，不足以支持教室相应空间的改善和提升；二是领导认识不足，看不到教室环境与学业质量的关系，认为抓好教学才是重要的事，在这方面花钱不值得；三是管理机制欠缺。教室布置工作往往是班主任"孤军奋斗"，无法调动更多的力量，因此也降低了自我要求。

可尝试采取下列措施解决：

- 积极向学校提出教室环境打造方面的申请，说明理由，力争赢得学校支持。
- 借助家委会的力量，寻求"赞助"或家长们力所能及的帮助。
- 因陋就简，进行更多创意，以丰富的创意弥补资金的不足。

疏于管理，缺乏重视度

教室环境布置疏于管理是较为普遍的问题。譬如说，教室墙壁掉皮现象严重，或出现乱涂乱画现象，墙面较脏；黑板报更新不及时，内容陈旧过时；图书角图书摆放凌乱，封面破旧，利用率低；学生手工作品摆放不整洁，做不到井井有条；墙壁上的标语和装饰品很少更新，甚至边角脱落；学生作业展出时间过长，歪歪斜斜，有失美观；扫除工具缺乏规范管理要求，横七竖八，杂乱无章……

这些现象并不鲜见。尽管班主任工作压力大，时间、精力有限，但这并不能成为他们疏于管理的借口。教师应该通过更加细致的工作，改变这样的局面：

- 加强教育，引导学生自觉爱护教室环境布置的成果。
- 明确教室环境保护的各类标准，做到人人皆知。
- 对于黑板报、墙面装饰、桌椅摆放、图书角管理等，明确责任人，形成"分工负责"的机制。
- 定期做好教室大扫除。
- 定期进行班级环境保护方面的自评工作。
- 积极表彰对教室环境保护作出贡献的学生。

实效较弱，缺乏成功感

教室环境布置是学生成长的外部影响因素，它通过在精神层面对学生产生潜移默化的影响，从而对学生发展起到积极助推作用。然而，相关调查显示，占很大比例的学生觉得教室环境的变化对自己没有影响或影响很小，这就说明目前的教室环境布置并未真正发挥作用。之所以出现这种情况，有以下几点原因：

一是教室环境布置的主题、风格与学生的年龄与心理特征不匹配。比如，张贴的标语过于成人化，不符合学生的认知特点，学生不感兴趣，失去了标语的教育意义。

二是教师不太注意对教室布置内容的充分利用。比如，有些教室布置了学科类内容，但教师在教学中却不太注意引导学生关注这些内容，更没有将其作为自己的教学资源，结果导致学生"视而不见"。

三是教室环境布置过程中，教师缺乏对学生人文精神的培育。譬如对美的理解，对布置过程中合作精神的引领，对班级凝聚力的打造等，教师关注不够，学生也很难对教室环境布置产生深刻体会和感悟。

发挥教室环境布置的更大意义和价值，对学生成长会产生更深远的影响。可以从以下几点着手：

- 教师要善于组织，精心设计教室布置的目标和计划，并率领学生努力实现。
- 要把班级文化建设作为教室创建的核心，形成班名、班训、班级口号、班徽、班旗等个性化设计，进行公开展示。
- 设置班级目标、小组目标、个人目标展示墙。
- 对在教室布置中作出突出贡献的学生小组进行表彰。
- 根据学生感受，定期更换教室展示的内容。
- 为各个学科提供展示空间，根据教学进度展示相关知识。
- 更多呈现学生的作品。

- 可由学生带家庭绿植到教室培育。
- 对教室设计的亮点以美篇、公众号、小视频等多种方式广泛传播。

自我评估

你如何看待学习环境对学生学习的影响？你是否真正意识到学习环境对学生的影响并积极开展了相关工作？你在教室布置过程中是否存在困惑？请根据自己的实际情况，在"是"或"否"后打钩。

1. 你没有真正意识到学习环境对学生学业成绩有重要的影响作用。（是　　否）

2. 你没有把建设美好的教室作为自己重要的工作内容而常抓不懈。（是　　否）

3. 你没有意识到应该让学生成为教室环境建设的主人公。（是　　否）

4. 你的教室没有图书角或者有图书角但缺乏相应的管理。（是　　否）

5. 你的教室布置内容尚未真正与学生的学习生活产生实质性关联。（是　　否）

6. 你的教室里没有大量的学生作品或者"光荣榜""心愿墙"等与学生相关的内容。（是　　否）

7. 你的教室布置与教学管理要求缺乏直接的关联内容。（是　　否）

8. 你没有注意教室的光线及通风问题。（是　　否）

9. 你没有定期对教室布置进行调整，也没有建立固定的教室大扫除制度。（是　　否）

10. 你的教室课桌摆放一成不变。（是　　否）

【计分方法】

各题答"是"计 1 分，"否"计 0 分。

你的自我评估得分为 _____ 分。

【评估结果】

学习环境建设困扰度量表

分值区间	7—10	3—6	0—2
结论	困扰程度极为严重	困扰程度较为严重	困扰程度较小

【自我认定】

我的优势	
我的不足	
我的改进点	

15. 延展一个思路：优化讲授方式

提示

读完本篇，你应该能够回答下列问题：
- "我讲了你才会"存在怎样的认知误区？
- 如何把握好"讲"的分寸？
- 怎样提高"讲"的效果？

◎ 原理阐述

在学校，经常听到有的老师抱怨学生：这个问题我已经讲过几遍了，你怎么还不会？这种发问背后有一个明显的逻辑：我讲过，你就应该会了，如果你还不会，那一定是你不认真、不用功。

但学习真的是这么简单吗？我在与教师进行交流的过程中，无数次提醒大家，当老师的，心头一定要刻着四个不等式：

- 老师讲了≠学生听了
- 学生听了≠学生懂了
- 学生懂了≠学生会了
- 学生会了≠学生会学了

这四个不等式告诉我们，在教师的"讲"与学生的"会"之间还有很远的距离，或者说，教师的教学设想转变成学生的学习成果，是一个复杂的过程。单纯地依靠教师的"讲"，极容易造成学生只带着"耳朵"，没带着"大脑"，教学效果不佳。

之所以有很多老师秉持"我讲了你才会"的观点，是对教师的"教"与学生的"学"存在一些认知误区。

第一，对学习发生机制的忽略。学习真实发生有两个前提：一是学习者学习动机的诱发。当老师讲解一个知识的时候，学生的第一判断是这个内容自己是否有兴趣、有意愿去学习。二是学习内容的设置是否符合学生的现有水平，过低、过高都不容易被学生接受，也就是我们常说的要处于学生学习的"最近发展区"。如果学习动机未被有效激活，学习内容不处于学生"最近发展区"，有效学习根本不会发生。

第二，对学习方式和路径的误解。"学习金字塔"是由美国学者、著名学习专家爱德加·戴尔于1946年首先发现并提出的。他用数字形式形象显示了学习者采用不同的学习方式在两周以后还能记住的内容（平均学习保持率）。爱德加·戴尔提出，学习效果在30%以下的几种传统方式，都是个人学习或被动学习；学习效果在50%以上的，都是团队学习、主动学习和参与式学习。传统的"讲授式"，显然属于被动学习。教师忽略了更为高效的学习方式和路径，才会停留在一味地"讲"上而无法突破。

第三，教学目的不明确。叶圣陶先生说，"教是为了不教"，阐明了教学的重要目的是教会学生学习，培养学生独立的思维、学习和工作能力。"教"是前提、手段，"不教"是目的，是在教师的引导训练下，学生拥有自主学习的能力，能独立探索实践、解决问题。这种能力的形成，显然需要更多的自主探索与合作实践，这是单纯的"讲"无法达成的。

因此，所谓的"我讲了你就应该会"并非颠扑不破的真理。只有认识到这一点，我们才会从根本上扭转自己的认识，从而调整自己的教学行为。

随着课堂改革的深入，老师们常常困惑于课堂上到底该不该"讲"，该怎么"讲"。这也难怪，为了破除"满堂灌"的恶习，很多学校硬性规定把"讲"限制在15分钟、10分钟内，超过则视为不合格、不过关，便来个"一票否决"，最终导致老师无所适从、莫衷一是。

该文就立足对课堂上教师的"讲"进行一些辩证的思考，并对"讲"的一些技术展开分析。

其实，从根本上说，做教师不"讲"是行不通的，关键问题是如何"讲"、"讲"什么，把握好"讲"的分寸。所谓"讲"与"不讲"，其实质就是对接受式教学和主动式教学进行选择，依据学情，教学内容适宜哪种教学方式就选哪一种，又何来"讲与不讲的比例"之说呢？

学生的知识建构与成长要靠自身去完成，教师的"讲"建立在"不讲"的基础上，"不讲"是"讲"的前提，"讲"要视学力与过程来抉择，也就是将接受式与主动式结合起来实施课堂教学。"讲"与"不讲"在课堂教学中视情况而转换调整，不应是僵化的，最适宜的就是最好的。

因此，应该形成一个共识：学生主动学习，并不排斥教师的讲，关键是怎么讲。

首先，教师的讲要针对学生的实际，让学生听懂，做到"教师开讲有益，学生开听有获"。一位班主任告诉我：她班的学生对某门学科能听懂了，她很高兴。因为上学期，她班的大多学生未听懂这门课。让学生听懂，这是对教师最基本、最起码的要求。不要把学生的水平想得过高，我们是某个学科领域专业毕业，在我们眼里，某些问题非常简单，但对学生而言，特别是对基础薄弱的学生而言，难度很大，类似于听天书。因此，找准教学内容的起点高度非常重要。

其次，教师还要努力讲得生动有趣，不枯燥、不乏味。不能像老和尚念经，听起来让人备受煎熬，昏昏欲睡。要让自己的讲解有魅力、有味道，让人听起来如沐春风，欲罢不能。如此之"讲"，才能让学生思维活跃，陶醉其中。

最后，要精练，千万不能当碎嘴婆子。精讲很重要，老师不能唠叨起来没完。对该讲的地方，要提前想好怎么讲最简洁。听一个语文老师讲《伟大的悲剧》，最后有个思想教育的内容，她处理得非常简练，用投影展示一句话，然后语重心长地加以强调：这篇文章告诉我们，人可以失败，但不可以被打倒。戛然而止，再无一句赘述。话虽简短，却给学生留下深刻的印象，这比唠唠叨叨用车轱辘话讲一大通道理要有效得多。

所以，我们要研究教师怎样讲，学生才能很快地听懂、学好。用好课堂上的分分秒秒，绝不能浪费学生的学习时间，全力消除课堂上师生的无效劳动，首先要从优化教师的"讲"下手。

◎ 技术精解

以详实的内容突出"讲"的重点

到底"讲"什么，是教师在课堂上首先要关注的问题。抓住重点，才能"讲"得到位、"讲"得有用。

一位教师期末上复习课时，告诉学生：a 知识点很重要，b 知识点也不能忽视，c 知识点是考试热点，d 知识点是基础知识……学生一头雾水：到底什么是重点该记的？没有抓住重点的"满堂灌"，其结果只能是课堂上教师辛辛苦苦地教，学生昏昏沉沉地听。不得要领，讲起来漫无边际，课堂时间自然不够用。教师应该坚持"三讲""三不讲"的原则：

- "三讲"——讲易错点、易混点、易漏点。
- "三不讲"——学生已经学会了的不讲、学生通过自己学习能够学会的不讲、教师讲了学生怎么也学不会的不讲。

"三讲""三不讲"的提法虽然很简洁，但值得每一个老师仔细琢磨。我们应该意识到，知识不让学生主动去感悟获取，问题不让学生自己去探讨解决，疑难也是老师包办，时间长了，学生就像饭店里等吃等喝的客人，最多点点菜而已，至于做好这些菜需要哪些原料、需要什么样的操作流程、应该注意哪些事项，根本不用动脑子去想，慢慢地，便失去了学习的主动性。这样的课堂能收到好的效益吗？

以时间调配控制"讲"的频率

一堂课的时间是固定的，如何分配，不仅折射出教师的教学理念，也直接影响着教学效果。部分老师担心学生学不好，不肯放手，不管什么样的问题，都牵着、拽着，甚至背着、抱着学生走，结果效果很差。于是，我们开始抱怨学生基础太差，主动性太弱，只能靠磨时间的方法学习。

其实，这正说明我们教学中的缺陷：太多包办代替，用口干舌燥来代替学生的成长，学生的学习能力很弱，缺少兴趣和热情，形不成有效的方法和习惯，于是越教越累，课堂时间愈发紧张，直到带不动学生为止。这样的苦果是谁酿成的？是我们自己。从表面上看，"自己讲"可能是最省力气的教学方式，但却是最不科学的方式。目光长远的教学，一定致力于学生"长本事"，自己会"吃饭"，那种一口口嚼碎了喂学生的做法，最终会害了学生，也苦了自己。不摆脱这一点，给我们再多的时间恐怕也不够用。教师要把"讲"的时间拆分出来，用在以下方面：

■ 让学生学会自学：教给学生如何预习、如何制订学习计划、如何归纳整理、如何抓住重点以及围绕重点思考问题、如何与同伴合作学习，等等。

■ 让学生学会听课：课前预习提高听课的针对性；作好课前的物质准备和精神准备；特别注意老师讲解的开头和结尾，并做好笔记。

■ 让学生学会复习和总结：学生要做到及时复习，当堂课的内容当天掌握，每单元学习结束后及时进行小结。

尽可能减少课堂中的无效行为。譬如，下课了你还喋喋不休，那几分钟除了让学生反感、伤害学生的身体外，真的有意义吗？可偏偏就有那么一些老师，提高嗓门，与刺耳的下课铃声争锋，完全不管已经凌乱的学生。这样的行为看似充分利用了时间，实则徒劳无功。

以清晰的指令实现"讲"的目的

完整的课堂指令就是学生学习的指挥棒。一个完整的指令应包含以下三个要素：

■ 明确的任务——教师的指令不宜过多，也不可轻易地发出，一定要简明扼要、清清楚楚。当课堂进入某个环节的时候，要一次性明确学习的要求，尽量避免在学习活动进行过程中掺杂插话式的课堂指令，以免打乱学生的思绪。

■ 约定的时间——约定时间，是促使学生紧张起来的重要方法。不过要注意，这个时间必须是教师凭借经验和对学情的了解设定的，不能张口就来。有的教师说，下面是练习时间，给大家3分钟时间，结果10分钟过去了，教师还没有让大家停下来。时间长了，教师的"指令"就会成为"纸令"——空而无效，无需遵循。

■ 恰当的检评——如果只有任务，而无检评，学生的学习劲头就会松懈。每一个学习活动的安排，都应该考虑活动结束后如何进行检查、评比。譬如，练习之后，学生要回答或板演，自学之后要展示成果，等等。有了这些后续要求，指令才更有价值。

指令的清晰程度与教师的课堂管理水平息息相关。比如，有的教师在发出指令之前，故意采取有意停顿、提高声音或拍一拍手等方式，尽可能地让每一个学生都能听到教师说的话，保障指令更好地落实。

以幽默的风格凸显"讲"的魅力

幽默是课堂的"润滑油"，它通过谐趣而创造一种和谐友善的气氛，可以使师生交往变得融洽、自然。

■ 意藏于言法——教师不直接表现自己真正的意图，而将其掩藏在表面的语言中，达到曲径通幽的效果。有一位老师走进教室上课时，看到学生喧哗不止，便说："请问大家一个问题，辛弃疾的词'稻花香里说丰年'的下句是什么？"学生异口同声地回答说："听取蛙声一片。"学生随即明白了老师的意图，开心一笑后，马上安静下来。

■ 巧设悬念法——教师结合有关知识，设置一个悬念，然后再"顺理成章"地说出理由，产生一种"出其不意"的幽默感。有一位老师在讲家蚕的有关内容时，对学生说："蚕是伟大的'爱国者'，它的价值远远超过它自身，它不辞辛苦，默默劳作，为我们伟大的祖国争了光、添了彩！"看着学生疑惑不解，老师接着说："不是吗？我们的祖先最早养蚕织绸，开辟了丝绸之路，促进了东西方文化的交流，极大地提高了中华民族的世界声誉。这能不说蚕是伟大的爱国者吗？"

■ 揭示哲理法——教师在讲授有关知识时，蕴含幽默，揭示哲理，可以加深学生对知识的理解。一位老师讲授"遗传和变异同等重要"时这样说："试想，如果没有遗传，我们的下一代说不定像什么东西；如果没有变异，恐怕我们今天还是那个拖着长长尾巴的猴子样！由此可见，遗传和变异是进化的两个方面，是相辅相成、对立统一的两个方面……"这样一讲，学生对遗传和变异的理解就更透彻了。

■ 不动声色法——课堂出现意外状况时，教师假装糊涂，却在引发学生大笑的过程中，为课堂窘境破局。一位地理老师上公开课讲"活火山"，正巧有一位走神的男同学失手将铅笔盒打翻在地，发出很大的响声。这位老师反应很快，随口说道："哪座活火山爆发了？"课堂上爆发出了会心的笑声，尴尬的气氛一扫而空。

■ 借用类比法——在教学中，恰当地运用类比手法，也能制造幽默，给学生以趣味横生的感觉。有位教师讲《拿来主义》，给学生讲了一个故事。我国有位作家随团出访欧洲，在宴会上，有位西方记者一边大嚼牛排一边问这位作家："中国改革开放，向西方学习，难道不怕变成资本主义国家吗？"这位作家回应道："这正像先生吃牛排而不怕变成牛一样。"一个类比的修辞，幽默中带有力量，让学生对这个问题有了深刻的思考。

需要注意的是，教师的幽默不是一般的插科打诨，也不是一般的俏语乖话。教师的幽默自有教师的风格，诙谐中有深意，情趣中有哲理，引而不发，导而不堵，适时适势，恰到火候。教师的幽默不是为了逗乐而逗乐，只是"外壳"，外壳里面则是极富思想内涵的教育方式。

以精准的表达产生"讲"的效果

要特别警惕自己的口头禅，不能无视这些"没有意义的空话"给教学带来的负面影响。

譬如，学生发言后，老师"噢，噢……""嗯，嗯……"，虽然表示了肯定，但没有具体的评价；对于学生近乎标准的回答，老师会说"是不是呀""对不对呀""好不好呀"，学生高声齐呼"是""对""好"，不假思索，只凑热闹；学生回答后，教师不置可否，说"坐下吧"，让学生感到老师就是在应付，或多或少会压制学生回答问题的热情。

再如，教师既想赶进度，又想启发学生思考，往往会说"什么样呀""怎么样呀""是吧"，但不等学生回答就讲下去，或是自己回答了。这让人捉摸不透其用意。如果想启发学生思考，就应多给学生思考时间；如果想讲解，就不要穿插问话，影响表达的连贯性。

在渴望得到学生信息反馈的时候，教师也会出现口头禅。有些教师习惯于在讲解某些问题后，问学生"懂了吗"。真正懂了的学生懒得回答，一知半解的学生不知如何回答，而那些根本没听懂的学生，也没有勇气要求老师再讲一遍。于是，这样一句口头禅就成了老师"独角戏"的又一种表现形式。

远离口头禅，可尝试以下做法：

■ 心底里树立"我要去掉……口头禅"的意识，刻意练习，适当放慢语速，有意停顿，尝试思考的感觉。

■ 充分备课，关键表达预设"台词"，避免说话过程中因思维不连贯而用口头禅填补。

■ 给自己的讲课录音，反复听，寻找口头禅出现的规律。

■ 琢磨新的句子替代原来口头禅想表达的意思。

■ 对着镜子试讲，自我判断，发现口头禅，反复修改。

■ 邀请学生监督，每次出现口头禅时，可以"轻敲桌面、轻轻咳嗽、目光示意"等作为提示。

◎ 逾越误区

备课不到位，讲授"误入歧途"

传统的"讲"受到抨击，主要源于"满堂灌"的积垢。虽然"自主""合作""探究"的教育理念成了老师们的口头禅，但一回到课堂，很多老师还是陷入"我讲了你才会"的误区，以为只有"讲"过了学生才可能学会，只有"讲"过了自己才会心安理得，从来没有真正从心底相信知识"不讲"学生也能够独立掌握，一味地"口若悬河"也就不足为奇了。

跌入讲解的怪圈，还有另外一个重要的原因，就是教师备课不细，抓不住重点，模糊了会与不会的界限，不重要的，学生已经会了的，还在滔滔不绝地讲，甚至越是学生明白的，教师讲得越多。这是为什么呢？不客气地说，因为这些地方教师也最明白，讲起来最"得心应手"，因此怎肯放过在学生面前"炫耀"一把的机会？

况且，课堂是动态的，也是生成的，即使我们准备得再充分，也会出现难以预料的新的走向，不可能完全按照我们课前预设的情形来进行。那种奢望按部就班、一讲了之、一劳永逸的想法，显然不切合实际。

节奏不鲜明，缺乏"起承转合"

有些教师为了提高教学效率，一节课45分钟，滔滔不绝，像上满了弦一样。殊不知，在课堂教学中，适当地停顿、恰当地留白，不但不会浪费时间，反而会起到良好的作用：既可以避免口语教学的呆板局促，又可以使课堂教学呈现有张有弛、意趣盎然的生动局面；既能让教师得到休息，转换情绪，又能给学生留出更多思考、回味、消化的时间。

"停顿"的手段可以用于何时呢？

一是用于课堂上学生不守纪律时。用严厉的斥责制止课堂的哄闹，几乎成为教师理所当然、天经地义的选择。其实，如果巧妙使用"停顿"，完全可以不必"脸红脖子粗"，就能达到"四两拨千斤"的奇妙效果。比如，教师正津津有味地讲课，两个学生却在下面交头接耳。为制止他们，教师便可突然"停顿"，并走向那两个学生，以引起全班同学的注意。这样，让他们在众目睽睽之下，缩头不语。"×××，你站起来"的大声训斥，反而会惊扰课堂。这样的"停顿"也巧妙地具有替代批评的意义，不影响正常教学秩序，也不伤害学生的自尊心。

二是用于重点、难点的讲解时。譬如，教师在上课时说："下面，请同学们注意……"之后突然停顿，学生会被吸引：老师要我们注意什么？由此产生了急切要听下去的欲望。可见，教师讲课时，若要强调或突出某些内容，便可在此之前突然有意停顿一会儿，然后再以适当的语速讲解后面的内容。据测试，一般人听连续的语流，精确地留在记忆中的时间一般不超过八秒钟，以后便被新的语言刺激所代替。因此，教师在讲过重要内容之后，也可以有意停顿一会儿，以便让这些重要的内容深入学生的脑海，留给学生充分的回旋余地，延缓这种暂留性，以起到强化记忆、加深印象的作用。

三是用于教学环节的过渡时。两个内容的转换不宜过快，要给学生留有足够长的消化时间。因为这时的停顿，可以充分调动学生大脑思维的活动，使之对已获得的信息进行及时归纳总结，强化印象，以便再接受新知识，从而让学生的大脑皮层保持兴奋，集中注意力，将学习逐步引向深入。

提问不到位，效果"不尽如人意"

课堂提问直接影响到讲课的效果。有的教师为了制造热闹的课堂气氛，不分主次，不顾学生实际，提问占据了课堂大部分时间，结果"满堂灌"改成"满堂问"。学生只得被动地应付教师的琐碎问题，缺乏质疑问难、独立思考的时间，致使提问环节达不到预期的目的。

在课堂提问过程中，教师应该注意以下事项：

■ 不设计超出学生实际水平的刁、难、怪题，以免学生产生消极畏难情绪。

■ 不设计毫无思维价值的"是不是""对不对"式的提问，以免学生对所学内容逐渐失去兴趣。

■ 不急于得到问题的答案，给足学生思考的时间。

■ 不能只满足于学习结果，要善于让学生说出自己给出的答案的理由和依据，展示学生的思维过程。

■ 不满足于单个学生的回答，让学生养成归纳其他人意见进行综合表述的习惯。

容量不恰当，课堂"密不透风"

一堂课涉猎的内容过多，必然会被分解成若干个琐碎的段落。为了不"浪费"时间，把预设的内容全部按程序教完，教师就必然成为课堂这个舞台的主角，学生当然只能沦为观众。在"过满""过密"的教学内容的压迫下，学生不得不紧跟老师的匆匆步履，努力完成老师要求的每一个指令性动作。多数学生上一个问题还没有思考成熟，就被老师领进了下一个问题的思考之旅。在这样的课堂上，我们能够看到老师精巧的预设、自然的过渡、言语的智慧……唯独看不到学生成长的过程，看不到一个动态的、生成的、有着无限可能性的"绿色生态系统"。

打破这样的局面，可从两点突破。

一要学会在"等待"中收获学生的成长。当教师把设定好的学习任务交给学生时，要学会一言不发静静地等待，同时也要求学生保持默然。也许从表面上看，课堂上一片静寂，学生作思考状：或看着书本，或看着地面，甚或手里还把玩着某样东西。这时，请教师不要着急，不要担心，也许不能保证每个学生都在十分专注地思考，但起码保证了一部分学生思考的权利。在这个等待的过程中，学生有了充分思考的时空自由，才会经历宝贵的思维过程，才有可能针对问题积极思考，主动探讨，如同吃饭一样，细嚼慢咽，营养才会被充分吸收。这比给学生堆满一桌子食物，硬逼着他们风卷残云一般地全部吞下去要好得多吧？

二要学会在"放慢"脚步中实现课堂的质变——千万不能一味求进度。"进度"永远服从"质量"，如果做了"夹生饭"，再补烧多少火也徒劳无功。但我们有多少老师没有犯着这样的错误？一个漫长的学习过程就如同一场巨大的战役，一时的进度不过是一城一地的得失罢了。稳扎稳打，步步为营，突破难点，让学生得到方法，收获自信，才是最重要的，才能让学生学习的步伐越来越轻快，最终实现课堂质的提升。

自我评估

你如何看待课堂上教师的"讲"呢？到底要讲什么？讲到什么程度？你又有哪些成功的经验或失败的教训呢？请根据自己的实际情况，在"是"或"否"后打钩。

1. 你在课堂上的大部分时间采用讲授的方式。（是　　否）

2. 你觉得如果教师不把知识给学生讲清楚、讲明白，学生是不可能掌握的。（是　　否）

3. 你选择教学内容的依据主要是教材和教参的要求，较少考虑到学生的实际水平。（是　　否）

4. 你不太使用对比或类比的方式去更多关注易错点、易混点、易漏点的讲解。（是　　否）

5. 对教材中难度较大的问题，即使学生很难学会，你也会坚持讲授，你认为这样才是对学生负责。（是　　否）

6. 你对课堂上到底该教会学生哪些学习方法没有进行过相对系统的备课。（是　　否）

7. 你没有指导过学生如何听课。（是　　否）

8. 你有拖堂的习惯。（是　　否）

9. 你对课堂上提问的难易度没有过考量和选择。（是　　否）

10. 你觉得课堂容量越大，预设内容越多，效果就越好。（是　　否）

【计分方法】

各题答"是"计 1 分，"否"计 0 分。

你的自我评估得分为 ＿＿＿＿ 分。

【评估结果】

课堂讲授困扰度量表

分值区间	7—10	3—6	0—2
结论	困扰程度极为严重	困扰程度较为严重	困扰程度较小

【自我认定】

我的优势	
我的不足	
我的改进点	

16.通晓一项技术：加强刻意训练

◎ 原理阐述

一位年轻教师向我请教，说她班里有几名学生，一直很努力，但成绩就是提不上来。她很困惑，学生也很苦恼，希望我帮着找找原因。于是，我组织了一次学生座谈会，详细了解每个人的情况。在这个过程中，学生潜在的问题就暴露出来了。

表面看起来，这几个学生的确在学习上花费了很多时间和精力，每天都会熬到很晚，但他们只能被称为"伪勤奋、假努力"。原因有这样几点：

■ 只爱学已经会的题目或者擅长的科目，对于不会、不擅长的不愿意花时间去学，有意回避。

■ 学习不爱动脑，大多采取死记硬背的方式，对知识的领会只停留在文字表面，不愿总结规律、寻找方法。

■ 满足于记住公式、定理，背会单词，但不去实践，不知道学过的知识有没有真正掌握。

- 只知道埋头学习，没有计划，没有明确的学习目标，学习漫无目的。
- 老师没有针对性地为他们提供训练内容。

在这样的情况下，几个学生虽然算得上"状态在线"，但由于不具备学习的有效策略，更多的学习行为只停留在肤浅、低效的层面，成绩与付出不成正比也就成为必然了。

在引导学生的过程中，相当多的老师喜欢强调努力和勤奋的重要性。大家经常会拿出英国作家格拉德威尔在《异类》一书中提出的"一万小时理论"作为支撑。格拉德威尔说：人们眼中的天才之所以卓越非凡，并非天资高人一等，而是付出了持续不断的努力。一万小时的锤炼是任何人从平凡变成世界级大师的必要条件。不得不承认，无论任何事情，要想做出点成绩来，努力和勤奋都是必不可少的先决条件。但是，是不是一件事情，只要自己不停地做下去，就会越来越擅长、越来越出色呢？

比如，我们会认为开了 20 多年车的老司机，一定会比只开了 5 年车的司机更擅长开车；行医 20 年的医生，一定会比只行医 5 年的医生更优秀；教了 20 年书的老师，一定会比只教了 5 年书的老师能力更强。

事实并非如此。研究表明，一般而言，一旦某个人的表现达到了"可接受"的水平，并且做到自动化，那么，再多"练习"几年，也不会有什么进步。甚至说，在本行业干了 20 年的司机、医生或老师，可能还稍稍比那些只干了 5 年的人差一些，原因在于，如果没有刻意地去提高，这些自动化的能力会缓慢地退化。

因此，千万不能片面误读"一万小时理论"。很多时候，投入的时间与预期结果之间并不完全成正比关系。就如同开篇讲到的这几个学生，他们花费了大量的时间，不断机械重复已经掌握的内容，既没有明确的目标，也不会及时反思和反馈学习实效，更不能根据反馈的情况调整学习内容和方式，结果，辛辛苦苦付出的时间就白白"打了水漂"。

学习成绩的提升，往往受到三个要素的制约：天赋、自身努力、训练方法。天赋只属于少数人，愿意付出努力的人又太多了，唯一能让人与人拉开距离的是"训练方法"。观察我们的教学，鲜有老师能够在研究学生的训练方法上下功夫，有成熟的做法。可以说，这是教师专业技能中普遍存在的"短板"。更多的老师仍然信奉"题海战术"，过于注重训练的"量"，而不注重训练的"科学性"，导致教学低效。于是，"双减"政策的实施，让部分老师和学生陷入迷茫：没有大作业量、大训练量的支撑，何以保障学习效果呢？

幸运的是，关于"训练方法"的研究，目前已经很成熟了。来自佛罗里达州立大学的心理学教授安德斯·艾利克森博士，系统地分析了各个领域的顶尖高手都是怎么训练的，并与神经科学以及认知科学前沿的研究成果相结合，形成了一种迄今为止非常有效的训练方法，叫作刻意练习。

有研究显示，在训练时间相同的情况下，刻意练习的效率比传统的学习或者训练方法高出 2.5 倍，而且刻意练习在任何领域都适用。如果一名教师想引导学生成为学习的高手，就必须掌握"刻意练习"的相关技术，并熟练地将其运用于教学实践中。

刻意练习其实就是克服机械的训练，进行有目的的练习。这种"有目的的练习"具备四个方面的特征。

第一，具有清晰、明确、具体的目标。

练习目标就像导航仪一样，为学生的练习行为指明前进方向，有助于学生清楚学习意图和标准，清楚自己目前所处的位置，并且清楚下一步在哪，遇到问题怎么办。因此，教师要充分认识训练目标的价值，制定清晰的目标，以此作为训练的起点。

有目的的练习，主要是"积小胜为大胜""积跬步以至千里"，最终实现长期目标。这就需要我们把大目标拆解为小目标，并明确哪个目标才是亟须提升的。比如，想提高学生的写作能力，教师就要学会分解，了解学生在写作中的主要问题是什么，是不擅长收集素材、知识储备不够、语言运用基本功不足，还是没有写作动力。

目标一定要小，小到可以马上实行。学科组要将确定不同教学章节的训练目标（练什么，练到什么程度）作为重要的研讨内容，纳入研究体系。

第二，强调专注的状态。

要想通过练习取得进步，学生必须学会把注意力集中在任务上，在短时间内投入 100% 的努力，比更长时间只投入 70% 的努力效果更好。

比如，对学生进行速读训练，如果教师明确限定 10 分钟，并提出了训练目标，学生往往马上就会进入专注状态，阅读速度大大提升。如果在这个过程中，教师没有任何时间和专注的要求，学生的阅读效率会大大降低。

因此，加强学生专注力的训练，就成为进行刻意练习的重要基础。

第三，包含及时的结果反馈。

刻意练习需要有及时、正向的反馈，反馈的目的是让学生明晰自己与目标之间的差距及如何到达。学生必须时刻知道某件事情自己做得对不对，如果不对，到底错在哪里，自己还有哪些不足，从而弄清楚自己在哪些方面还需要提高，或者现在离预期目标还有多远的距离。

现实教学中，常见的反馈方式是考试，比如单元测试、期中 / 期末测试等。学生通过测试，发现成绩不达标，然后去调整自己的学习。需要注意的是，这种反馈是"迟到"的，因为在平时的课上、课后练习中，学生并未得到强有力的反馈，即没人指出他的错误所在。等到错误积累到一定程度，通过测试发现问题，补救的难度已经大大增强了。

离错误越近，修复它的成本就越低。缩短反馈周期，及时反馈，是刻意训练的要点之一。这就提醒我们，那种练习很多，但对练习结果不够重视的做法，并不是真正的、有目的的练习，往往效果不佳。

第四，需要走出舒适区。

对于任何类型的练习，这都是一条应遵循基本的真理：如果学生从来不迫使自己走出舒适区，便永远无法进步。

心理学把人对外部世界的认知分为三个区域：舒适区——已经熟练掌握的各种技能，处在舒适区的人没有学习意愿；学习区——适合学生现在学习的技能，能有效唤醒学生的学习动机，具有高度的针对性；恐慌区——暂时无法学会的技能，学生会因畏惧心理而逃避。

大家都知道"伤仲永"的故事。方仲永之所以从一个天才最终沦为普通人，一个很重要的原因是他太早进入了"舒适区"，每天用已掌握的技能去"吟诗作对"，炫耀自己，因此阻碍了他学习新技能，逐渐丧失了竞争力。

这就要求教师精心选择与设定学生的"学习内容"，对学生已经掌握的内容，不再花费时间讲练，关注的重点应该是学生还没有完全掌握，处在一知半解的状态，或是知道了但还没有熟练运用成为"技能"的部分。对于这部分内容，学生在学习过程中会稍感"费力"，但稍加用心和坚持就可以突破，学生所有的进步都会发生在这个区域。

因此，通过观察、测评，熟练掌握学情，发现学生的"最近发展区"，成为教师有效教学的关键。只有设置的练习、作业是学生"跳一跳，够得着"的，督促学生学习自己不懂的、做得不好的，这些在"最近发展区"内进行的、针对性极强的练习，才能促成学生真正进步。

总之，促进学生发展，必须坚持"有目的的练习"。这需要我们打破低水平重复的教学弊端，使用"刻意练习"的技术，真正实现学生学习的质变。

◎ 技术精解

准确定位方向——用目标校准练习行为

美国教育心理学家布鲁姆反复强调："有效的教学始于希望达到的目标是什么。"实践证明，适切的目标是所有练习的起点和归属。许多教师在组织学生进行各类训练时，并没有认真思考"目标"这个看似简单、直白的问题，就一股脑儿地开始行动。结果像没有目的地就开车上路一样，只是在浪费油钱和时间。

可以采用 SMART 目标制定法来制定练习目标，满足以下几点：

■ 具体的（specific）：能够按新课标要求，系统把握好每项训练的"点"和"度"，使每个学生清楚该项训练的标准和要求。

- 可测量的（measurable）：要提前构想有哪些证据证明学生的目标已经达成了。譬如，测验、提问、整理笔记、背诵默写等，根据目标建立测量的各种数据与工具。

- 可达到的（attainable）：设定的目标应该符合学情，学生确信自己能够达到，但同时也需要有一定的挑战性，能轻易达到的目标毫无意义。

- 相关的（relevant）：目标应该结合学生的具体情况而定，可以设定分层次的挑战性目标，学生根据自身情况选择，这样的目标才更具个性化，使所有学生都能朝自己希望的方向发展。

- 有时限的（time-based）：可以设置目标达成的时间限度，在开始时就确定达到目标的时间，比如10分钟、半个小时或者三天、一周等，引导学生经常关注"我用多快的速度能够完成这个任务""我离完成任务还有多久"。

围绕这五个维度设计训练目标，有助于师生准确找到前进的方向，摒弃与目标无关的行为，从而有的放矢地付出时间和精力。

目标确定后，该如何呈现呢？不少教师习惯于让学生把目标读出来或只是简单地看一看。由于学生对目标投入的思维量不足，这样做效果往往不好。可以变化一种方式，比如：多让学生凭学习经验谈自己要达到的训练目标是什么，自己最感兴趣、最希望达成的目标是什么，怎样去实现，然后展示出来。这种思维量增加的好处：一是加深了学生对目标的认识，二是使学生的学习变得积极。教师的要求是将这个思维过程呈现给全班同学，这就使每个人的思维活跃起来，训练目标也就成为刻在学生大脑里的行动指南。

遵循天才真相——只在"学习区"设置练习

很多人认为，天才是天生的。但安德斯·艾利克森博士经过大量的研究和实验证明，天才的能力并非生而有之，训练可以创造我们以前并未拥有的技能。其关键在于，只在"学习区"练习。

在学习的过程中，很多学生有这样的"通病"：只是热衷于自己会做、有清晰思路的题目；对于那些"模糊的题目"，虽有思路却没十足的把握，就草草了事；对于陌生的、有难度的题目，心生惧怕，甚至直接放弃、跳过。我们的教师，也往往满足于学生完成题目的"正确率"，而忽视了为学生提供适宜的训练内容，从而保证学生的行动停留在"学习区"。

所谓"学习区"，就是适合进行高针对性练习以达成学习目标的区域。但是，学生有着不同的认知基础，能力和水平也不尽相同，因此，"舒适区""学习区"和"恐慌区"是因人而异的。教师的一个重要工作就是，引导学生寻找和界定自己的"学习区"：

- 学习目标明确、具体——学生可以清晰、准确地描述自己的学习目标，能够清楚地表达出个人不懂的地方。

- 符合自身能力范围——学生制定的学习目标，要符合个人的能力和水平，以确保目标能够达成，不可好高骛远。

- 适当选择挑战——学生可以直面教师设置的挑战性任务，适当地尝试接近"恐慌区"，获得挑战之后的成功，产生满足感和成就感，从而增强个人的学习兴趣和情感。

- 学习目标能量化、可评估——学习的目标要细化、量化，能够罗列出要达成的目标。

根据亚利桑那大学和布朗大学的研究成果"最优学习的85%规则"，当训练某种能力的时候，教师教给学生的内容中应该有大约85%是他熟悉的，有15%是他感到意外的，这时候，人最容易产生"熟悉加意外"的心流体验，从而取得最佳的训练效果。如果熟悉的部分比例过高，缺乏挑战性，任务会显得很无聊；但如果意外的内容过多，挑战性太强，就会变得压力过大。只有找到其中的平衡点，才能进入心流状态。对教师而言，要学会使用"85%规则"，提供促使学生停留在"学习区"的训练内容。我们可以尝试进行下列的实操设计：

- 新知学习的思路——"温故而知新"。进行新知识点的学习时，要能够从相关联的旧知识自然引入，大约85%的旧知识加上15%的新知识，是学习者学习体验最好、学习速度最快的"学习甜蜜点"。

■ 最佳训练的组合——在设计训练内容时，保持15%左右的意外率，既不能都是熟悉的题目，也不能陌生题目过多，这时候，训练效果最好。

即时发现错误——练习中随时获得有效反馈

反馈之于学习的意义重大，错误的改变源于持续获得有效反馈，刻意练习是以未知和错误为中心的练习。对教师而言，这个职位存在的意义之一，就是根据学生的练习，能及时反馈出哪里有问题，哪里还需要改正，让练习一直保持在正确的轨道上。

在反馈环节，也存在不少问题：有的老师训练了，评讲之后就完事，至于训练效果如何就不问了；有的老师只关注板演的几个同学的完成情况，对下面绝大部分同学的训练效果视而不见；有的老师仅关注成绩好的同学练习完成的情况，忽视了对学困生的关注。加强学生练习达成情况的反馈很重要，它既能帮助我们有效调整后面的教学行为，又能提高课堂训练的质量。教师要熟练掌握训练效果反馈的几种常见手段：

■ 举手统计——可以了解学生完成的量，多少人开始做了，多少人做对了，做到多少了，但这种方式对完成的质不易掌握。

■ 抽样调查——在学生训练时进行巡视，了解部分学生的完成情况，可以重点关注基础薄弱学生的完成情况。

■ 当堂批阅——可以利用"红笔效应"，及时为完成最快的学生批阅。反馈速度快，有利于激发学生的上进心，训练基础较好的学生朝着解题既快又好的方向发展。

■ 课后抽阅——抽阅的对象可以是基础薄弱的学生，也可以是最近学习态度欠端正的学生，实行面批，及时进行指导和帮助。

四种反馈手段应结合使用，确保训练效果反馈的全面性，从而提高课堂训练的有效性。

在这个基础上，要逐步引导学生养成"主动寻求反馈"的习惯。比如学英语，我们可以鼓励学生自己用手机录下音频再回听，从而发现一些自己压根都不知道的发音问题。同样，练习演讲的话，可以用手机或相机录下自己的演讲视频，从而发现口头禅、站姿、手势、表情等方面的问题。再比如，完成作业中，逐步培养学生自我检查的能力，将有把握一定对的和不能判断正误的题进行标注，教师则将学生的自我检查结果纳入对作业质量的评价内容中。

自我反馈习惯的养成，有助于学生从旁观者的角度观察自己，对自己的错误比较敏感，并不断寻求改进。这将有助于学生发挥出更高的自主水平，极大拓展学生有效提升的空间。

强调限时训练——练习时注意力高度集中

专注力就像心灵获取外界信息的门户，这扇门开得越大，学生学到的东西就越多。一旦注意力涣散或无法集中，学生心灵的门户就关闭了，一切有用的知识和信息都无法进入。提高学生训练过程中的专注力，教师可以采取以下方法：

一是按照考试要求来对待练习和作业：严格要求——该画图的画图，该写过程的写过程，该注意格式的注意格式，该强调书写的强调书写，该验算的就验算；独立完成——要尽可能地不看书、不问人，坚持独立完成；限定时间——增强紧迫感与计划性，杜绝边写边玩、无限度地拉长时间的现象。

二是课堂训练应该确保独立性：要遵循"学生能做的事让学生自己去做"的原则，问题应设置在学生能力的"最近发展区"内，敢于放手让学生独立尝试操作；不要一看学生做不出来就急于讲解，因为听懂不等于学会，学生通过艰辛思考领悟得来的效果要远远好于听讲得来的效果，我们要敢于等，留给学生足够的独立思考的时间和空间，让学生独立经历解决问题的全过程。

◎ 逾越误区

存在三种"错误思想"

第一种：我不能、我不行的思想。我们能不能使用好"刻意训练"这个工具，从而改变我们的教学呢？或许部分老师困于僵化的教学习惯，总是觉得现状难以改变，但这是一种认知的错误。其实，只要试着去挑战自己，改变自己的观点，就会产生更多可能。

第二种：做的时间长了就擅长。以相同的方式重复做一件事并不一定会提升你的绩效和表现，反而让你停滞不前。因此，从学生的训练到教师的工作模式，都应该积极寻求改变。

第三种：努力了就能提高。可现实情况是，如果学生没有目标或正确的练习方法，再努力也是白用功。对教师而言，同样如此。

未能凸显"训练层次"

有的课堂训练选题过易，照顾了基础薄弱的学生，但训练的思维层次不够，不利于学生能力的提高，好学生"吃不饱"；有的课堂训练选题过难，照顾了优等生，但丢掉了一批基础薄弱的学生，概念、法则、定理还没有记牢，技能还没有真正形成，就进行各种高难度的训练，缺少打基础的过程，结果学生"吃不消"。

为了避免这种情况的出现，课堂训练的内容应该符合本班级学生的实际情况，既要照顾基础好的同学，也要照顾基础薄弱的同学。课堂训练的选题应重基础且有一定的层次性，可以设置不同难度的挑战性试题，供学生自主选择。

应该注意，新授课训练选题应以基础为主，因为学生对新知识需要一个熟悉、熟练、形成技能的过程，在此基础上适当增加一点训练的思维层次，遵循前文所讲的"85%规则"，让学生在"熟悉"的基础上，体验到思维的"意外"带来的乐趣，增强学生学习的兴趣，既让基础一般的同学"吃得消"，也让基础较好的同学"吃得饱"。

反馈周期"设置过长"

在教学中，普遍存在反馈周期过长的问题。因为缺乏对每个知识点的即时练习、每堂课学生学习情况的即时反馈，教师无法对学生的学习进行迅速评估，找到问题并加以调整。当学完一个章节，甚至更长的学习周期之后教师才进行测试等反馈时，学生的错误常常已经根深蒂固、难以消除了。

行为和反馈之间尽可能间隔短是学生有效学习重要的因素之一：行为和反馈之间的联系越紧密，学习就会越快发生。即时反馈有助于对学生的学习进行及时矫正和强化。所以，学生练习和练习后的评价，这两个事件之间的间距要尽可能地短。教师要有意识地缩短练习周期，对较为复杂的教学内容进行拆解，形成小块的练习闭环，并通过不断地重复演进，达到提高练习效果的目的。我们可以称之为"短反馈"。

"短反馈"中典型的案例是玩游戏。游戏出现一些指标，比如敌人出现了，你就会立刻按鼠标去开枪；敌人对你开枪，你就立刻移动躲开枪炮。为何玩游戏的人会常常忘记时间的流逝？很简单，就是因为玩游戏的时候，人完全处于超短反馈的循环之中，电脑发出信息，通过反馈机制，你立刻进行反应。很多人非常喜欢玩游戏，因为短反馈带来的是超强刺激，它可以用来表明我们的行为正在提供达成目标和成功的信号。通俗地说，就是当一个人做了某件事之后，马上就有反馈。它是为了引导形成人的一种心流状态：我离成功不远了！

同样的道理，课堂上，我们完成了一个目标任务，学生同样需要得到即时反馈：我到底学得怎么样？我还有多少差距？我离成功还有多远？缩短反馈周期，就是为了充分利用学生的这种心理，为学生提供自我对照、自我矫正的机会，形成"确定目标—限时训练—反馈结果—及时补救"的小闭环。一堂课上，如果能跟随教学内容，形成若干个闭环的短反馈模式，将大大提高训练效果。

给老师们推荐几种短反馈的基本策略：

- 测验——设计基于教学目标的检测题，结合目标掌握程度进行简单的测试，并迅速统计测试结果。

- 同桌互问互答——设置针对教学内容的重点问题，同桌问答，摸清整体掌握情况。

- 整理笔记——根据教学重点，归纳总结，自行整理笔记，形成思维导图，教师通过观察了解学生达标情况。

- 一分钟速记——针对重点内容，采取短时速记的方式加以巩固，并根据速记结果调整教学思路。

- 小结——学生结合目标及学习情况，阐述对目标的进一步理解，对掌握情况作出自我分析、判断，并尝试说明下一步的努力方向。

不肯留足"思考时间"

课堂练习不同于讲例题、讲习题，它不是以传授知识和方法为目的，而是实时检验教师的教和学生的学的情况。有些教师习惯越俎代庖，提出问题以后，没有停顿，或稍作停顿就开始讲解，这样灌输式的讲评会让学生的思维落入老师既定的思维框架中，从而丧失独立思考的能力，容易造成学生对知识的掌握和运用不够灵活，题目稍有变化就束手无策，缺乏应变能力，产生严重的依赖性。

因此，课堂练习时，教师要为学生留足独立思考的时间，引导学生积极思考，培养学生的发散思维和创新思维能力，以达到触类旁通的教学目的。

自我评估

你是否理解了刻意训练的基本内涵？你能否针对学生实际采取刻意训练的教学策略？你在进行刻意训练过程中是否还存在疑惑？请根据自己的实际情况，在"是"或"否"后打钩。

1. 你觉得刻意训练就是指增大训练量，从而提高训练的有效性。（是　否）

2. 你非常认同"一万小时理论"，只要投入更多时间和精力，训练效果就会更好。（是　否）

3. 你并没有在每次练习时与学生明确练习所应达成的预设目标。（是　否）

4. 你的学生在练习时极少采用限时的手段。（是　　否）

5. 你并未针对学情精心设计课堂练习或课后作业。（是　　否）

6. 你对于日常的练习极少提出分层要求。（是　　否）

7. 你为了追求效率，不愿意给学生更长的思考或书写习题时间。（是　　否）

8. 你认为练习或作业没有办法做到适合每个学生的能力和水平。（是　　否）

9. 你通常采用相对长周期的反馈方式来了解学生的学习情况，比如单元测试等。（是　　否）

10. 你每节课结束后并不能准确把握学生目标的达成情况。（是　　否）

【计分方法】

各题答"是"计1分，"否"计0分。

你的自我评估得分为 _____ 分。

【评估结果】

刻意训练困扰度量表

分值区间	7—10	3—6	0—2
结论	困扰程度极为严重	困扰程度较为严重	困扰程度较小

【自我认定】

我的优势	
我的不足	
我的改进点	

第四章

建立"让学习真实发生"的反馈系统

反馈系统既指学习过程中学生得到的来自老师、伙伴、知识的反馈，也指各种因素作用于学习者而形成的人的素养与认知提升。其本质是课堂建设与人的发展的关系。

17. 强化一个环节：作好交流展示

提示

读完本篇，你应该能够回答下列问题：

- 课堂展示活动有哪些类型？各自的特点是什么？
- 课堂展示的基本流程是怎样的？
- 课堂展示对学生和教师的要求有哪些？

◎ 原理阐述

学生课堂主体地位的大幅度提升，较为鲜明的体现就是学生摆脱了被"灌输"、被"学习"的地位，拥有了更多自主学习、自主探究的时间和机会。在教师的引导下，学生对学习内容展开富有个性化的解读，独立思考和解决力所能及的问题，进而产生教师"耳提面命"所不能达到的学习效果。

但观察众多的课堂，很多教师忽略了学生自学、讨论之后的情况，不太注意对学生自求自得的成果的展示与交流。换句话说，学生绞尽脑汁得到的极富个性化的见解并没有对外"发布"的机会，即使教师设置了交流和展示的环节，也往往是蜻蜓点水，浅尝辄止，稍一放手便被老师迅速"大包大揽"过去，致使学生的创造性意见再好也被扼杀了。

问到原因，教师往往无奈表示：没有那么多的时间啊！

这个回答似乎无可挑剔：学生的展示、交流，真的需要花费较多的时间，特别是部分学生水平不高，总也说不到点子上，甚至在错误上兜圈子，岂不是费时费力？哪如教师公布正确答案来得干脆呢？可仔细想想，问题就暴露了，这不是又回到"满堂灌"了吗？在教师的意识系统中，又遵循了"只有讲过才可能会"这样一个所谓的"真理"，如此教学，只能被称作"假尊重""假主体"。更何况，我们不难想象，如果学生急于要表达的冲动一次次被老师扼杀在摇篮之中，又何以保持其自主学习、自主探究的持续热情呢？

因此，教师在课堂上要把交流和展示学生的自学成果作为一个非常重要的环节，把它摆到显著的位置上来，用足时间和精力去做，这样才能保证学生自学的效果。

首先，学生在经历了独立探究、小组合作学习之后，精神处于高度兴奋之中。他们或许有独到的见解要与人分享，或许有合作的成绩要向其他小组呈现。通过交流和展示，他们的表现欲望能够得到满足。教师要善于从学生的交流展示中寻找闪光点。哪怕是偶尔取得的小小的成功，教师也要敏锐地捕捉到，让每一次交流都伴随着激励，伴随着学生个性的张扬和才能的施展。这对培养学生的自信心和激发学习热情至关重要。

其次，学生在自学探究和合作学习中，不可避免地会产生疑惑。这些凭自身力量难以解决的"难题"，如果仅靠教师想当然地讲授，未必能够对症下药。学生交流和展示的过程，也是暴露问题的过程。一个人无法解决的，就拿到集体中来研究解决。如果学生群体无法解决，教师再去讲解也不晚。有的老师之所以不愿意开展学生交流和展示活动，就是因为觉得学生给出的结论中错误太多。前面我们讲过，课堂中的"错误"本身就是一种重要的财富，如果借此找到错误的根源，找到学生的迷惑之处，自然会对学生掌握新知识产生巨大的推动作用。

在山东杜郎口中学，这种课堂的交流和展示被推崇到了极致：教室里没有讲台，三面墙壁上都是黑板；课堂打破了传统的教学秩序，学生可以离开座位，紧紧簇拥着讲题的同学，随着讲题同学的移动而移动。站在黑板前，站在凳子上，人头攒动，摩肩接踵，不时地向讲题的同学发问、质疑。如果哪个学生有了新的解题思路，便会抢着到黑板前津津乐道地讲解他的新思路，再接受其他同学的发问和质疑……

或许有人说，讲题的学生已经会做了，还要他去讲，不是浪费时间吗？其实不然，"最好的学是讲"，当学生能够通过交流和展示，带给其他同学以启示，自己也会相应地得到提高，实现"双赢"。

用交流和展示来激活课堂，不单单是完成对知识的深层次学习和掌握，同时也会培养学生科学的精神、丰富的情感、高尚的情操。这样的课堂，自然成为和谐、宽松、幸福的课堂。

◎ 技术精解

掌握展示的基本类型

一是组内小展示，即由小组长组织在小组内部进行的展示。展示主要围绕学生自学中尚未解决的问题或一些生成性问题，解决基础的问题。组内交流结束，仍存在疑问或意见不统一的问题由学习组长汇报给老师，便于教师把握学情，为班内大展示作好准备。其基本流程为：

- 根据学习进程，学科组长召集组员快速围拢在一起。
- 围绕学习目标，组长组织组员进行合作探究，为组内展示作好准备。
- 组内成员分享学习中的收获、困惑，展开讨论，暴露问题。
- 记录员做好记录，便于大展示时全班交流和讨论。

二是班内大展示，即由教师组织在班级内进行的各小组学习成果展示。通常包括两个主要步骤：展示和点评。展示时，小组选派代表在班内展示带有共性的问题，一般由 B 层、C 层同学负责展示，A 层同学负责点评或拓展，教师要适时追问、点拨、启发、引导学生，对课堂进行调控。点评时，应强调点评内容的针对性、补充性，可围绕展示小组的参与度、精彩度、准确度、团结协作等方面的优点与不足进行点评、打分。

每节课可任定一组为点评组，其他组为展示组。点评组和展示组可采取轮换的方式产生，让学生在不同的角色分工中得到锻炼。

班内大展示的基本流程为：

- 组长确定或认领展示内容和任务。
- 组长带领全组同学明确任务，商讨展示形式，进行合理分工。
- 在小组内排练预演，作好充分准备。
- 展示者在指定位置，按要求完成展示。
- 展示结束后，同组同学补充，其他组可提出建议和疑问。
- 点评组对展示进行评价。

探索展示的常见形式

一是口头展示，适用于相对简单、直观的内容，如概念的形成、现象的描述等，是一种常用的展示形式。

优点：灵活、生活化、易于展示，能够训练学生的听说能力。

不足：缺乏持久性，无法让多人同时展示和点评，对学生的注意力要求较高。

二是书面展示，适用于定理的证明、推理、探究的过程，例题或习题等问题的解答，以及能用简答、画图、列图表、知识清单、思维导图等方式呈现的内容。

优点：条理清楚，可以持续展示、反复展示，能够培养学生的书面表达能力。

不足：时间短，要求高，对学生能力存在较大的挑战。

三是表演展示，适用于能够通过学生肢体动作、面部表情等展示的课程，如英语的情景对话、语文课本剧、音乐课、体育课等。

优点：用手势、表情作为口头语言的补充，帮助学生说明，能增强表达讲说的效果，营造轻松、愉快的课堂氛围，学生投入度、积极性高。

不足：学生表演能力偏弱时，会影响表现的效果。学生往往把关注点放在表演本身，而忽略表演的教学意义。

四是实物模型展示，适用于能够用实物和模型直观展示的教学内容，如数学中的几何、物理、化学、生物等科目内容。

优点：实物和模型能够直观、形象、生动地展示研究对象的特点和性质，培养学生的动手和观察分析能力。

不足：准备实物、模型花费时间和精力较多，有一定的困难。

找准展示的有效内容

课堂无须也不可能对所有问题都进行展示，教师备课时需精心预设展示内容和展示环节，对"展示哪些问题""这些问题如何展示""展示到什么程度""展示时间如何设定"等，均需要全盘考虑。展示内容贵在"精"，必须紧紧围绕本节课的教学目标，提升学生对重点、难点的理解能力，绝不能仅限于基础性问题的重复性讲解和给出统一答案。

展示要抓住三个关键：暴露问题——展示内容是组内或全班学生存在的共性问题、易错问题，在暴露错误、解决问题的过程中寻求提升；互动共进——展示时要体现出师生、生生的深度交流，可以采取相互补充、疑难求助、对话碰撞、质疑对抗等多种形式；创生发展——重点展示自己独特的思考、发现的规律，包括学习方法的总结、学习的新观点等。

选择展示内容时，学生需注意以下几点：

- 一看就懂的问题不展示。
- 需要教师系统说明的问题不展示。
- 有口难辩和理论性强的问题不展示。
- 收效甚微的问题不展示。

建立展示的行为规范

学生形成基本的展示规范和习惯，是展示活动能够达成较好效果的基础。

要避免出现过于随意、走过场式的问题，摒弃那种"对对答案"、缺乏实质性收获的交流形式。要引导学生建立课堂展示所需要的基本规范要求，组织相应的培训，让学生明确课堂展示与交流的真正意图，并反复训练，直至形成习惯。在展示过程中，教师要及时鼓励学生，多加指导，培养学生倾听的习惯，鼓励学生敢于发表不同的看法，学会与人商讨以达成共识。

展示行为的规范要求可以概括为"三大"：

■ 大胆——要有个人的见解，敢于表达自己的观点，形成"参与无错"的意识，以在同学面前表现自己为荣。

■ 大方——起立迅速，书本举至胸前，做到"不弯腰、不低头、不乱看、不扭捏"，答完自行坐下；上台板演动作迅速，讲解时不挡住同学视线，可用手势加以辅助，大部分时间面向同学；听从老师或组长指挥，按既定的顺序发言，不争不抢。

■ 大声——咬字清晰，语速适中，发言时声音洪亮，让全班每一个人都能听清；语言尽量简洁；节奏不要太快，注意用语文明礼貌，做到"不含混、不吞吐、不拉音"。

调动展示的参与热情

课堂上学生参与展示积极性的高低，参与课堂展示人次的多少，是展示活动能否成功的关键。教师可采取以下措施：

■ 打破展示的心理障碍——帮助学生克服"怕出错，怕同学、老师笑话，不敢参与"的心理包袱，做到"三允许"：允许学生出错，允许学生保留不同看法，允许学生向教师质疑、提意见。

■ 及时点评的激励措施——采取积分和小礼品的形式对学生的展示行为不断进行激励，让学生持续保持参与展示的欲望和动力，做到堂堂有评价、天天有评比、周周有奖励、月月有汇总。坚持机会均等原则，做到"人人参与，不冷落后进生"。坚决杜绝"无评价"现象。

■ 培养展示的积极分子——老师有意通过个别辅导，培养一批参与课堂展示的积极分子，组成课堂展示的排头兵，为其他同学树立榜样，逐渐形成"个个想参与，人人想尝试"的局面。

■ 建立展示的考核制度——要求每个学习小组的学科组长一节一统计、学习组长一天一评比、学习委员一周一小结，统计出自己负责的每个同学参与课堂展示的次数，得分多少，排出名次。按时统计，定期公布，对表现突出的小组提出表扬。对于参与次数少的同学，老师了解情况，进行思想教育，给他们提供更多的机会。

抓住展示的点评要点

点评是展示的关键环节，对于巩固展示成果、提升学生学习能力、调动学生的积极性作用重大。

一是坚持先学生点评后教师点评的次序。学生能点评的让学生点评，本小组不能点评的让学生通过友情帮助的方式请其他优秀同学帮助点评，学生点评不到位的教师再予以补充，作好归纳和总结。

二是杜绝对学生的展示和点评进行裁决性评断。教师要根据交流情况，通过引导、点拨等方式使学生达成共识，必要时予以补充和完善。要注意培养学生的点评能力，教会学生从答案的对与错、全面与否、是否最优、形式是否规范、步骤是否完善等方面予以点评。

三是对学生表述不清晰的答案和点评予以归纳。要注意从问题的关键词是否明确、是否会联系实际运用、有没有其他更好的理解、不同答题思路比较、思维误区、如何避免出错、蕴含哪些规律方法等角度分析问题。

四是将展示点评与疑难点拨合二为一。要注意疑难问题明确化，明确告诉学生疑难点的内容和成因。要透彻分析思维误区及解决办法，重视思路归纳与方法总结。

五是将定性评价与定量评价相结合。既要从对与错、优与劣等角度进行定性评价，又要通过量化赋分的方式，对学生的课堂表现、展示规范等进行评价，及时进行鼓励与表扬。

◎ 逾越误区

有展示必有评比

在设计展示环节时，适当采取评比的方式，可以有效提高学生展示的积极性。但要特别注意，评比并非展示的目的，如果学生参与展示时过多关注评比结果，就要引起我们的警惕。

学生在学习过程中发挥小组合作的力量，解决了一个棘手的问题，创编了一个情景剧，或是设计出一个产品，形成了一个方案等，自然地进入各组展示环节。展示的目的表面上看是让所有同学能够看到其他各组的成果，实际上是要让同学们在课堂当中，通过观察、反思，形成自己的观点，完善自己的想法。其深层次目的在于交流学生的创意，互相启发、互通有无。分享的内容不仅仅是活动成果，还可以是创作的方法、思路与过程，活动中的感受、思考与新发现，等等。这些都呼应一堂课所关注的学生核心素养。

因此，展示分享环节重在体验，而不在于评比。教师不能只是简单地把活动设置成"接下来的任务是比一比哪组最快、最好"，让学生匆匆上台展示，鲜有点评和反馈，满足于评出第一、二、三名。这种略显"功利化"的设计，很容易让学生将注意力放在结果之上，无助于学生关注和反思过程，无助于学生小组之间信息的互通，学生往往不会专注于倾听和思考，从而失去体验的价值。只评比，无反馈，无交流，无分享，将会让展示停留在相对肤浅的层面。

我们要完善交流展示的评价机制，对优秀和独特的展示及时表扬和奖励，避免松散懈怠、优等生唱"独角戏"、不展示的学生不关心展示等问题。教师可抓住以下几个要点：

- 小组成员都会了才可以展示。
- 组长只允许补充，不允许展示。
- 不同的小组成员展示得分值不同，A 类最低，B 类居中，C 类最高。
- 一个小组展示时，其他组要积极思考，勇于挑错，谁挑出错误或提出有价值的疑问，给谁的小组加分。
- 别的组提的疑问或错误，由提问题的小组指定展示小组的某位成员回答。
- 其他组展示过的内容，以后就不再重复展示。

展示活动流于形式

一是组内小展示和探究时，教师缺乏参与热情，没有及时掌握学情，导致展示内容的无序；二是展示内容过易或过难，缺乏层次性；三是学生满足于读答案，缺乏自己的观点；四是展示时间不合理，过于拖沓或匆忙。

教师可采取以下解决措施：

■ 根据学情设定合适的展示内容，做到目标明确、标准清晰，展示问题不宜过大。学生需要改变预设问题时，必须在教师的引导下进行。

■ 在进行小组内展示时，教师要离开讲台，深入每个小组，观察、了解学生的学习情况，必要时可参与小组讨论。

■ 学生合作探究的时间一定要充分，教师和小组长要督促每组、每个成员认真讨论，使讨论落到实处。

■ 进行展示时，只能用自己的语言展示，不能照本宣科。出现这种情况时，教师要及时指出，并请学生再用自己的语言展示一次。再次展示后，教师要对学生进行鼓励或表扬。

■ 在展示的过程中，要不断强化学生的时间观念，平时要注意训练学生的板演速度和语言表达能力。

展示活动缺乏必要的规范

没有制定明确的展示要求和展示流程，造成学生展示的机会不均等、展示过程凌乱。教师可采取以下解决措施：

■ 制定清晰的展示基本规范，公开张贴，组织培训，并按要求严格执行，使学生养成良好的展示习惯，规范使用展示用语。

■ 在展示中没有按规范要求进行的要及时指出，在师生评价时，将执行规范的情况纳入点评范畴。

■ 熟悉组内小展示和全班大展示的基本流程，能按预设的流程有序推进，保证学生迅速进入角色。

■ 每次展示时应将展示要求以投影或板书的方式呈现，让全班学生一目了然。

自我评估

你是否熟练掌握了课堂展示的基本形式？你是否利用课堂展示有效提高了课堂效率？你的学生是否具备了展示的基本规范与能力？请根据自己的实际情况，在"是"或"否"后打钩。

1. 你因为展示消耗时间较多而较少在课堂上采用这种教学形式。（是　　否）

2. 你更希望得出正确答案的学生或小组进行展示。（是　　否）

3. 你尚未熟练掌握组内小展示、班级大展示的基本流程。（是　　否）

4. 你更多让学生采用口头展示的方式，较少尝试其他方式。（是　　否）

5. 你没有建立专门的学生课堂展示规范或有了规范并未严格执行。（是　　否）

6. 你的学生在展示过程中有怕错心理而不够踊跃，做不到大胆、大方、大声。（是　　否）

7. 你没有专门进行过展示积极分子的培养。（是　　否）

8. 学生展示后，以你的点评为主，较少有学生参与。（是　　否）

9. 你的课堂尚未形成学生相互评价、补充、质疑的基本形态。（是　　否）

10. 对每次展示的任务和要求，你极少通过板书或课件呈现给学生。（是　　否）

【计分方法】

各题答"是"计 1 分，"否"计 0 分。

你的自我评估得分为 _____ 分。

【评估结果】

展示环节困扰度量表

分值区间	7—10	3—6	0—2
结论	困扰程度极为严重	困扰程度较为严重	困扰程度较小

【自我认定】

我的优势	
我的不足	
我的改进点	

18. 掌握一个手段：进行有效反馈

提示

读完本篇，你应该能够回答下列问题：

● 什么是教学中的有效反馈？

● 反馈的内容、方法、路径有哪些？

● 在教学反馈中，应该规避哪些误区？

◎ 原理阐述

到某校调研，我翻看了部分学生的作业。应该说，该校教师很认真，批改作业及时，也很详细，看得出花费了不少时间和精力。可惜的是，不少学生做错了的那些题目就堂而皇之、原封不动地摆在作业本上，看不到学生修改或者重做的痕迹。

那么，这样的作业起到了什么作用？

反馈是教学中一个重要的环节，目的是了解学生学习上存在的问题，对有错误的地方及时给予矫正。进行反馈就是要改变教师只管信息输出不管学生接收信息、只管教不管学的局面，将教师的教学要求和学生的学习效果紧密结合，踏踏实实地把教学目标落到实处，这样才能提高教学质量。概而言之，反馈的目的是让学生明晰自己与目标之间的差距，以及如何精准达成（路径）。

其实，我们的很多教学行为，譬如课堂上对学生听课状态的观察，大量的提问，批改作业，测试，以及跟不同学生的交谈等，都有一个非常根本的出发点，就是判断学生的学习状况，找到学生学习中的失误，据此"矫正"错误和"修补"不足，这样的教学才更有针对性，效率也会更高。但这一点被很多老师忽略了。作业留了、判了，试卷出了、考了，后续的事情却没被重视起来。通过作业、测试，教师到底找到了什么样的问题，如何引导学生去弥补这些不足，根本没去多想，致使教学打了折扣。

美国教育家布鲁姆提出，95%以上的学生只要给予必要的时间和条件都能达标（除极少数存在智力缺陷外），绝大部分"差生"是由于学习过程中的累积性误差。由于种种原因，一些学生总会在学习中产生一些误差。例如，某学生学习A段知识时掌握了90%，教师得到反馈信息后，帮助他及时将10%的缺陷补上。在此基础上，他同样能学懂B段知识的90%，以此类推，就不会掉队。如果A段知识的缺陷没能及时补足，那么，在学习B段知识时，他会出现更大的失误，可能只会学懂所教内容的70%~80%，C段则更少。长此以往，他必然会沦为"差生"。由此可见，教学中信息反馈不及时、不得力是造成"差生"出现的重要原因。如果教师仅仅满足于教学内容"讲完了"，满足于作业批改了、试卷赋分了，并不从根本上克服学生的累积性误差问题，教学就会逐渐陷入"泥潭"。

因此，在课堂教学中，教师应该坚持一个原则：有错必纠。只要发现了学生的错误，不管是大错还是小错，不管是现在的错还是过去的错，都不能放过。因为学生的知识是逐步发展的，及时矫正错误，就是为了不影响后续的学习。矫正错误的方法是多样的：可以在学生作业本和试卷上批改，也可以找学生当面批改，还可以面向全班学生对错误进行讲评。对典型性的错误，教师可以在全班组织讨论，通过讨论，加深学生对问题的认识。

有的学校建立了月考制度，目的就是形成制度化的教学反馈机制。一个月一考试，是不是就可以满足反馈的需要了呢？从教学实践看，这样的反馈仍远远不足。一个月的时间，学生的误差会大量累积，从而造成积重难返。学生的基础越来越不牢固，信心就会逐步丧失，再去改变就难上加难了。

为了克服传统教学周期长、反馈慢、矫正不力的弊端，教师必须强调将教学目标落实到课时，在吃透教材的基础上，将知识板块按其内部结构分解成知识面、知识线、知识点，并落实到每节课的教学中。在讲授新知识前，先对学生进行复习诊断性测试，目的是查漏补缺，了解学生学习新知识时有关旧知识的掌握情况，通过复习旧知识和铺垫练习，扫除学生学习新知识的障碍，尽可能把全体学生带到同一起跑线上，为他们在新课学习中达标打好基础。在教学时，教师通过学生的回答、面部表情、课堂检测及时得到反馈信息，并据此调控自己的教学行为，矫正学生学习中存在的问题。课后，通过作业、小测等形式，进一步查找问题所在。不论在哪个环节发现了学生的"误差"，教师都要及时纠正。如错的人数较多，可以进行集体纠正；如属个别错误，则进行个别辅导，帮助学生找出错误出现的原因并进行订正。对极少数教学目标没有达成的同学，在鼓励他们克服困难的同时，利用课余时间进行及时辅导。

当然，学习是学生自己的事，教师要教育学生对自己输出的信息（口头答问、作业等）进行自我检查和评价，对正确的及时加以肯定、强化，对错误的加以改正。这有利于培养学生形成良好的学习习惯和提高学习的信心。如做作业时，应有自我检查的习惯并掌握检查的方法，按照原来的解题程序检查是否合理，是否步步有据，解法是否简洁。同时，更要提醒学生特别重视教师批改的作业本上所给出的反馈信息。对有错的地方，一定要弄明白错在哪里，不懂的地方可以问老师，及时改正错误。否则，学生做练习时就会只管做，不管对错，交了作业就算完成任务。这样学生虽然在作业上花了大量时间，教师在作业批改上也耗费了大量时间，却收效甚微，有投入没产出，有时做得多却错得多，适得其反。

一位年轻教师曾跟我谈过他的经验。他原来抓学生做题没抓改错，一次统考出了一道学生平时已做过四五次的题，学生还是做不对。后来抓了"改错"这一环节，学生在统考中遇到没见过的题也会做了，因为学生做一个题会一个题，通过做题真正掌握了知识的内在联系，实现了举一反三、触类旁通。

这个经验告诉我们，可怕的不是学生出错，而是学生有错不改错，一错再错。所以，教师要把注意力放在抓学生改正错误上，用有效反馈的手段全面提升课堂教学效率。

◎ 技术精解

掌握有效反馈的类型

当反馈能提供有用的信息，告诉学生哪里做错了，或者如何改正，它就会成为一个有力的学习工具。要想通过反馈获得快速提升，教师首先要找准反馈的类型。

一是结果反馈：你的做法究竟对不对？这是影响最小的一种反馈。这种反馈只会告诉学生总体上做得如何，但不会说哪些方面做得好，哪些方面做得不好。这种反馈可以以分数的形式出现，比如60分意味着及格，80分意味着良好。再比如，学生在回答问题后，师生给予掌声鼓励，这会让学生知道自己的回答是不错的，但究竟哪里好，它显然无法提供有效的信息。

结果反馈通常是我们容易实施的。研究表明，即使这种反馈没有明确指出学生需要改进的地方，它仍是教师经常采用的手段，而且富有积极的意义，对学生的学习效率提高有巨大的影响。它可以通过两种方式促进学生的学习：

- 为学生提供一个激励基准——通过反馈，学生知道自己在某项能力上已经达到某一水平，有助于加快他们进步的速度。

- 为学生展示不同方法的优劣——当学生得到自己进步很快的反馈时，他就可以坚持运用那些学习方法；当学生得到进度停滞的反馈时，他就会针对当前方法寻求改变。

二是信息反馈：你到底做错了什么？信息反馈能告诉学生做错了什么，但不一定会告诉学生该如何改正。

比如，学生在回答问题的过程中出现了错误，教师疑惑的眼神就提醒他回答有问题，但问题出在哪里，他并不一定能马上知道。再比如，教师在作业本上进行批改，为学生标注了正确或者错误的符号，但到底为什么错了，应该如何改正，并没有清晰的说明。

信息反馈需要结合学生的实际确定其形式，与后续的错误矫正关联在一起，才更有价值。我们以某数学作业的批改为例。

作业质量较好的，教师可以批注：本次作业的 5 道题目中有 1 个错题，请找出来并改正。作业质量一般的，教师可以指出哪道题有错，批注错因，并要求学生改正。对于错题比较多的情况，教师可以用红笔画出哪一步（处）出错，要求改正，并找出同类题进行巩固练习。

同样是信息反馈，但针对不同层次的学生作出了不同的处理，这对学生进一步加工教师的信息、实现自我纠错发挥了积极作用。

三是纠正性反馈。你需要如何修正错误？理想的反馈是纠正性反馈。这种反馈不仅能告诉学生做错了什么，还能告诉学生如何改正。

纠正性反馈需要学生借助教师或者同伴的力量来进行。这依赖教师或学生的主动帮助，更要靠学生自主寻求帮助的行为。因此，我们要告诉学生，学会付出更多的努力，找到能帮助你纠正错误的人，是非常值得提倡的学习行为。譬如：

- 积极回答问题，积极上台板演，主动对外呈现学习成果，寻求外界的评判。
- 遇到学习问题主动向老师或同学寻求帮助。
- 拿到批改后的作业或试卷，积极寻求老师的个别辅导。
- 充分利用工具书或参考资料，解决自己的学习问题。

纠正性反馈胜过结果反馈，因为结果反馈不能指出需要改进什么；同时也优于信息反馈，因为信息反馈只能指出需要改进什么，但不能指出如何改进。当然，在这个过程中，学生也可能得到相互矛盾的建议。比如朗诵课文，有的同学告诉自己语速放慢些，有的则说要加快语速。在这种情况下，主动向老师或学习水平更高的同学求助就更加重要。这能准确地发现自己的问题，并得到准确的建议，从而保证自己的学习之路更加顺畅。

掌握有效反馈的要领

一是将反馈"优劣"改为反馈"是否达标"。科学的反馈，不仅仅是停留在评判"好与差""对与错"的层面，更应该根据具体的事项，向学生反馈哪些是"准确的"、哪些是"不准确的"，究竟是"达标""还差一些达标"，还是"尚未达标"。这样的反馈，能让学生清醒地判断"目的地在哪里"、自己与目的地之间的距离，以及下一步的行动方向。

二是反馈可以形式多样。反馈包括言语形式、非言语形式和文字形式。例如，我们的面部表情有时也是一种反馈，教师赞赏的眼神、夸张的神态、故作困惑的表情能向学生传递不同的信号。作为教师，我们要学会管理自己的表情，以给出正确的、有效的反馈。

三是要教给学生正确反馈的方法。老师引导学生通过同伴学习和合作学习等方式，利用学生小组评估和同伴评估获得有效反馈，并将有效反馈的原则和方式教给学生。这样不仅可以培养学生形成共同成长进步的文化，也让他们了解如何给予和接受反馈。

四是记录学生的反馈。教师及时跟踪并记录学生的变化，才能给出更准确的反馈。老师要学会用"我注意到……"这样的句式。比如："我注意到你这周的课前预习都达到了很高的标准。""我注意到你今天很积极地回答问题。"教师要让学生知道他们的变化和成长是可以被看见的。

五是为学生提供榜样和案例。老师要把反馈的规则和机制清楚地告诉学生，并同时提供好的和不好的案例。这样，学生才更明确地知道自己的目标是什么。

六是有效地利用一对一反馈的机会。每个学生都希望自己可以得到教师的重视，教师要定期进行一对一的反馈——不是针对好学生和不好的学生，而是让每个学生都拥有这样的机会。哪怕只有 10 分钟，这样的反馈机会对于学生而言也是很大的鼓励。教师多采用面批作业的方式，也能取得良好的教学效果。

七是主动寻求学生的反馈。你的教学方式方法是否恰当，学生最有发言权。教师可以通过定期座谈、个别交流或者匿名评价的方式进行反馈。这样不仅可以让教师得到相应的改进信息，也给学生树立了虚心向学的榜样。

八是反馈信息要迅速、及时。反馈总是带有滞后性的，但是滞后时间不能过长，否则就会失去效力。一般情况下，反馈要迅速、及时，特别是对带有错误性质的反馈信息，教师要注意随时加以纠正。

九是巧妙地运用延时反馈。在某种情况下，教师对学生的答案不即时作出评价，有意延长反馈的时间，这就是延时反馈。延时反馈运用合理，能起到即时反馈不能起到的效果。比如，有的教师在学生出现困惑时，不马上给出问题的答案，而是让学生带着问题学习下一阶段的材料，学生往往在后续学习中自己找到解决问题的方法。

十是对学生的学习结果进行准确评价。（1）对正确的，积极真诚地肯定，起到强化和鼓励的作用；（2）对出色或有创造性的，要重点表扬，起到榜样和示范的作用；（3）对错的，要及时纠正，善于引导学生认识自己错在哪里，不宜简单地否定；（4）对不完整的，要加以补充。学生回答中一部分意见是正确的，就先肯定正确的那一部分，对不正确的或没有回答出的部分，再让其他学生补充。

掌握有效反馈的周期

教师能够充分认识、科学设置相应的反馈，才能提高教学效率。如果按照课堂教学的时间段来划分，这种反馈可简单地分为三个阶段：

一是课始反馈期。上课伊始，教师通过设置一些问题、安排若干练习和检查作业等，了解学生学习新知识前的知识、情感等准备情况，为整堂课的学习作好铺垫。例如，语文学科可以了解学生的课前预习情况和上堂课所学知识的掌握情况；数学课可以了解学生的认知情况和学习动机，以使学生积极有效地进入新知学习。课始反馈的基本功能可定位为两点：（1）导入，让学生迅速进入学习状态；（2）为学习新知扫平障碍。因此，教师一上课准备的练习和提问都应该与新授内容有关联，如果只是一味复习，而与新知毫不沾边，反馈效果对提高整节课教学的效率并无太大帮助。

二是课中反馈期。新授过程中，教师必须通过种种手段，及时了解、洞察学生学习中随时可能出现的困惑、疑难，依据反馈信息对教学内容或教学方式作出相应的调整。这一点，往往是优秀教师与平庸教师的分水岭。平庸的教师通常过于注重预设内容，只满足于将准备好的知识一股脑儿地"灌"给学生，至于合不合口味，是吃不饱还是"撑破了肚皮"，则毫不在意。这就使得"教"和"学"缺乏必要的桥梁。教师缺少信息反馈，无法及时调整教学活动，教学失去针对性，效果自然不佳。有这样一堂数学课：每一次练习，老师都会有意识地选择两个学生上台板演，或一对一错，或为不同解法，这就将学生暴露出的最大问题清清楚楚地摆出来，教师再根据情况加以指导。试想，如果每节课都坚持如此做法，课堂怎么会没有实效呢？

因此，在教学中，为呈现出师生、生生之间有效信息的传递、反馈与互动，教师要善于把握三点：

- 通过学生的答问、讨论、表演、表情等接收反馈信息。
- 引导学生通过教师小结、导读、追问、启发等接收反馈信息。
- 强调学生间通过欣赏、鼓励、补充、竞赛等互相接收反馈信息。

三是课末反馈期。也就是我们通常理解的在课的结尾以小结、练习等方式检测本堂课教学目标的达成度。这个反馈阶段应该有三种功能：（1）总结，以此方式回馈目标；（2）巩固，及时训练，强化对一节课学习内容的记忆和理解；（3）拓展，对相关学科知识进行延伸，满足学生深度学习的需求。课末反馈要强调即时性，如布置了练习，要及时了解练习结果并有针对性地进行讲解，这样能第一时间了解学生的知识掌握情况。

运用有效反馈的方法

教师可运用以下方法进行有效反馈：

- 观察法——这种反馈方法的特点是快捷。通过观察，教师可以及时了解学生对知识的接受度和喜爱度，以及听课的专注度。
- 提问法——这种反馈方法的特点是准确、客观。通过提问，教师可以准确了解学生的学习情况，针对问题选取有效的解决策略。

■ 测试法——这种反馈方法的特点是准确、全面。通过测试，教师可以了解学生对知识的掌握情况，从而查漏补缺。课堂测试形式很多，如课前测试、全班测试、指名测试、抽样随机测试……

■ 练习法——这种反馈方法的特点是方便、有效。通过练习，教师可以快速了解学生对知识的掌握情况，从而有效解决问题。课堂练习题型很多，如填空、选择、判断等，具体练习形式要结合内容而定。

■ 竞赛法——这种反馈方法的特点是能最大限度地调动学生参与的积极性。通过竞赛，学生的学习兴趣、竞争意识明显增强。

■ 自评法——这种反馈方法的特点是利于学生总结反思能力的提升。通过自评，教师既可以了解学生的学习情况，又可以培养学生良好的学习素养。

■ 谈话法——这种反馈方法的特点是充分发挥学生的主体作用，站在学生的视角看待问题。通过定期与不同程度的学生个别谈话，教师了解他们真正的学习需要。

◎ 逾越误区

误失即时反馈

当学生完成一个学习任务后，他迫切地渴望得到外界的评价，尤其是来自老师的评价，从而检验自己的学习效果。但是，在实际教学中，这一点被很多老师忽略了：课堂上，学生回答完问题，老师不置可否；小组合作讨论之后，没有成果呈现的机会；作业写完了交上去，迟迟得不到批改；考完试了，需要很久才能拿回试卷……很显然，这样的做法与即时反馈的学习原理是相违背的。

我们不难发现，有的老师平时不关注学生的学习情况，半个学期过去了，一考试，结果问题重重，这时候教师往往一片茫然，无从下手。可以说，这是较为严重的缺少即时反馈的教学后遗症。

因此，优秀的教师就是站在学生旁边，以旁观者的身份提供即时反馈的人。当学生获取到的反馈让他知道"自己现在在哪里""接下来该往哪里走"，而不是一头雾水时，十有八九就是个好的即时反馈。好的即时反馈通常具有下列特征：

- 能为学生提供达成学习目标的清晰标准。
- 具有针对性，能根据不同的学习过程作出调整。
- 具体、精准而及时。
- 能给学生带来挑战。
- 对错误和差异保持宽容。
- 来自同伴的反馈被允许与讨论。

误读反馈信息

在教学过程中，教师得不到来自学生的真实信息，被虚假现象所蒙蔽，从而导致后续的教学调整出现误判。有以下两种现象值得注意：

一是只关注"对"，不关注"错"。比如教师在讲解完练习题后，常常会问"大家答对了吗"。看到学生纷纷说答对了，教师就很满意，然后继续下面的教学环节。这样的做法存在很大的隐患，因为从众心理和虚荣心理，极少有学生愿意在众目睽睽之下表达自己"没有答对"或者"没有听懂"，结果"滥竽充数"，错误被掩盖，并导致形成后续学习的障碍。

二是只关注少数，不关注多数。课堂上回答问题，是为了满足教学更"顺畅"的需要。有些老师会挑选学习基础较好的学生回答，或者给很少的思考、练习时间，有人举手了，就直接要求回答。一旦这些学生回答正确，教师便理所当然地认为教室里的所有学生都已经达标了。

这样的信息误判，会带来较为严重的后果，必须想办法避免：

- 不满足于对学生"会不会"的询问，坚持用对应目标的练习和测验进行评估。没有练习和测验，学生"会了"只是幻觉。
- 及时收集课堂练习的实际效果，看不到效果的练习等于没有练习。
- 教师巡视课堂，查看学生的练习情况，或参与小组学习，了解真实进展。对于巡视中发现的练习过程中的典型问题，让学生以板演或回答的方式展示错误，纠正错误。

- 用举手统计的方式，得到正确率等相关数据。
- 用同桌相互检查的方式，得到学习实效的真实反馈。
- 采取抽样反馈的方式，请学困生回答较难的问题，如果他能回答出来，就意味着班中的大部分学生业已掌握。

误作奖励功能

为了调动学生的学习积极性，有些教师喜欢采用奖励的方式，给学生发放各种小礼物，以此作为对学生完成学习任务的肯定。千万注意，不能把反馈等同于奖励，二者有着很大的区别。

奖励的价值在于激发动机，让学生对你的课堂感兴趣，以此建构师生间的积极关系。反馈是指获得与加工信息的过程，通过调整和校正使学生更接近学习目标。对学习而言，真正促进学习的因素是反馈，精准、具体的反馈优于表扬的价值。

积极反馈和适度奖励都具有促进学生学习的功能。根据其不同特性，在课堂中，教师应该加以区别运用，不能混为一谈。

如果学生缺乏强烈的学习动机，没有得到外部奖励，就不会去做某件事。或者任务过难，学生产生畏难情绪。这时候，教师可以运用奖励机制，以奖励作为学习行为的点火装置，给学生提供一个"尝试的理由"。但一旦上道，教师就要开始培养学生学习的内在兴趣。因为奖励学生虽然会短暂激发他的行为的积极性，但也可能浇灭他长久的学习热情。奖励应该是保持孩子学习兴趣的助推器，而不是保证其学习实效的主力军。

如果学生对教师鼓励他做的事情已经有了一些兴趣，教师就不要再向学生许诺任何奖励，而应该给予他更丰厚的回报，也就是更多关于他行为的反馈信息，让他的学习过程可视化，让他得到更多的来自学习本身的成就感和幸福的心流体验。这时候，外部的推动作用就会逐渐转化为学生内部的自发动力。

自我评估

你是如何看待课堂上的反馈的呢？你是否采取了有效反馈的举措并发挥了良好的作用？你认为课堂反馈中是否还存在困惑？请根据自己的实际情况，在"是"或"否"后打钩。

1. 你觉得自己的课堂还存在缺乏反馈、反馈不及时、方式不恰当等问题。（是   否）

2. 你还没有认识到周期长、反馈慢、矫正不力带来的严重后果。（是   否）

3. 你从未对学生如何自我检查作业或者对批改后的作业如何修正进行专门的指导。（是   否）

4. 你还没有掌握结果反馈、信息反馈、纠正性反馈的方式并熟练运用。（是   否）

5. 你的课堂反馈没能做到让学生准确判断自己的学业程度及下一步的行动方向。（是   否）

6. 你没有指导过学生如何进行同伴评价和小组评价。（是   否）

7. 你比较吝啬在反馈过程中对学生给予真诚的表扬。（是   否）

8. 你极少采用一对一反馈、面对面反馈的方式。（是   否）

9. 你批改作业、试卷还没做到迅速、及时。（是   否）

10. 你没有坚持用对应目标的练习和测验进行评价，并及时收集评价结果。（是   否）

【计分方法】

各题答"是"计 1 分，"否"计 0 分。

你的自我评估得分为 ____ 分。

【评估结果】

课堂有效反馈困扰度量表

分值区间	7—10	3—6	0—2
结论	困扰程度极为严重	困扰程度较为严重	困扰程度较小

【自我认定】

我的优势	
我的不足	
我的改进点	

19. 锻炼一种技能：掌握评价艺术

〰〰〰〰

提示

读完本篇，你应该能够回答下列问题：

● 教师课堂评价有哪些功能？

● 如何对学生学习进行精当、有效的评价？

● 在评价过程中，应该规避哪些误区？

◎ 原理阐述

走进课堂，我们不难看到这样的画面：表扬声一浪高过一浪，如"说得太好了，大家为他鼓掌""你真棒"等。似乎给予学生的表扬越多，就越能发挥激励的作用。但静下心来仔细想想，这样的表扬是不是太滥了？"太好了"，究竟"好"在哪里？"你真棒"，"棒"又体现在哪些方面呢？看似以"学生发展为本"，但它是不是被演绎得"过了度""变了形"？评价真正实现自身的价值了吗？

传统教育过多地批评、指责、否定学生，容易造成学生自信心匮乏，当然弊病重重。但提倡多鼓励学生，也并非要求教师进行"棒棒棒，你真棒"之类的空洞表扬。如果每天都是一种声音，每个人得到的评价没有区别，学生必然会对其产生免疫力，评价的激励作用就难以实现，评价效度能落实多少也不得而知。

有效的课堂评价应以学生的发展为出发点和归宿，是促进学生发展的催化剂。鼓励、称赞等积极的激励性评价，对保护和提高学生的学习热情有着积极的意义。但这并不是说，我们就必须一味地追求表扬式评价，而忽略否定性评价。其实，过度的激励性评价，往往会造成学生自我感觉太好，经不起批评和挫折，稍有不如意就情绪低落。所以，教师在课堂上究竟该采取怎样的评价方式，要根据实际情况灵活调整。

当学生的表现有明显进步，如回答到位、见解独特、表达精彩时，教师应不吝赞扬之词，及时予以肯定、赞扬、激励。例如："好哇，这种做法很好，你真会动脑筋。""你的发言很精彩。""又是一种很好的解题思路。""你发现的这个问题很有探索价值。"……亲切、明朗、热情洋溢的语言，让学生不断获得前进的动力，在自信中走向成功。

当学生表现不理想时，教师应敏锐地捕捉到其中的闪光点，用激励性评价及时给予肯定和表扬，让他们看到自己的能力和进步，从而增强学习信心；或者通过幽默的语言化解学生在课堂上的尴尬，小心翼翼地保护学生的心灵，帮助他们纠正学习中的错误。例如："也许有的同学还有新的见解，你想不想听一听？""说错是正常的，老师也会有说错的时候，没关系，请你试着再说一遍。"……这样学生更容易接受，也不会对他们的自尊心造成损害。

当学生思维活跃而意见相左时，教师的评价应深入浅出，追根问底，引导学生在激烈的争辩中相互启发，碰撞思维，厘清思路，统一意见。教师要给持相反意见的学生以申诉的机会，给出现错误的学生以重新修正意见的机会，最终让他们带着正确的理解回到座位。

当学生的情感、态度、价值观出现偏颇时，教师的评价要学习武术中的"四两拨千斤"，化腐朽为神奇，既尊重学生的体验，又把学生本有些偏激的价值观不露痕迹地引向正道。此刻的评价，最忌讳直白地否定，而应突出教师的智慧，运用幽默的语言进行引导。

许多教师仅仅注重对知识的正确与否进行评价，注重测试学生的知识掌握程度，忽视对学生学习过程与方法、情感态度与价值观的评价，尤其对学生学习的兴趣、良好的心理素质、新颖的学习方法、学习过程中独到的体验和感悟，缺乏及时的、多元的评价。这说明教师仍然将主要焦点集中在学生的学习成绩上，没有多角度地评价学生，忽视了学生个体发展的独特性，扼杀了学生创造的火花。

教师也不要把自己当作课堂上唯一的"裁判"，要把"评价的尺子"交给学生，让他们形成一种使命感，有当评委的情感体验，往往会收到意外之喜，促进学生正确认知的顺利生成。

课堂评价贯穿教学始终，既是促进学生学习的重要手段，又是诊断、调控、引导课堂教学的重要工具。有效的课堂教学评价不是停留于表层的作秀，也不是可有可无的衔接，而是结合学生实际，自然而然地焕发出的思维的火花。

◎ 技术精解

评价要真诚，注重情感投入

教师要能够用简短、恰当的措辞，热情地对学生进行褒奖。比如，"你的确有自己的思想""很有自己的见解""你的观点让大家耳目一新""鲁迅是大文豪……你是小文豪"，让学生真切地感受到成功的愉悦。

要能够及时发现学生回答的精彩之处，并呈现给全体学生。比如，"他的回答是不是出乎大家的意料？""你是不是被他折服了？"……引导学生发自内心地给予回答者热烈的掌声。

要能够关注到学困生的点滴变化并给予表扬。比如，不愿意回答问题的学生代表小组发言了，平时发言喜欢低头的学生今天抬头了……对这些点滴的变化，教师要及时抓住，给予学生鼓励，强化学生的成功体验。

要能够把学生的学习成果进行可视化展示。比如，可以采取记分的方式，根据学生表现评价记录他们的得失；对学生练习本上的完成情况，请学生板演或者用投影的方式展示给全班学生。学习结果的即时呈现，能有力地调动学生参与的积极性。

评价要准确，注重内容得体

准确性是评价语的灵魂，没有"灵魂"，教师的评价语就没有了生命力。评价语言准确而又得体，是激励学生最好的方法，也能给学生的学习提供实质性的帮助。教师要抓住以下两个评价要点：

一是要具体。能为学生提供恰如其分的、有针对性的、具体的评价，把"真棒""真聪明"更换成"棒的具体体现""聪明的实际细节"。千万要防止出现过于笼统、模糊的倾向。学生朗读课文后，只说一句"好，不错"，这是无效评价，不妨换成"读得响亮、流利，很好！如果速度上再放慢一些，注意停顿，注意某一处的语气，那就更上一个台阶了"，这样的评价具体清晰，有的放矢，不仅使学生准确了解了自己的学习状况，知道了努力的目标，也会感受到被关怀的温暖。

二是有根据。评价一定要有根有据，用事实说话，否则很难被学生接受。这一点在初高中学生身上体现得极为明显。这就要求教师充分掌握学生的可比性材料：学生过去的情况（纵向可比）和在班级或更广范围内所处的位置（横向可比），并艺术性地加以运用，进行有效的激励。

- 挖掘特定环境中的可比因素——"你的发言真的有一点鲁迅先生的风采，凝练，犀利，充满力量！"

- 与班里的同学对比——"从几个人的发言来看，我最欣赏你思考问题的视角独具一格！""你这样的分析严密，逻辑性强，确实高人一筹！"

- 与教师进行对比——"你读得比老师还有味道！""你这一点上的发现，连老师都没做到！"

- 与自身对比——"我是微笑着读你这篇文章的，真的太好了！你还是那个入学时写作文连两百字都写不出来的小男孩吗？"

评价要深入，强调归因导向

观察学生群体，他们对学习的成败得失，通常会采取两种不同的归因方式：

■ 向内归因，即把成绩取得归因于"自身"。学习成绩好则归因于自己努力、肯下功夫，成绩不好则归因于自己粗心大意、马虎懒散。

■ 向外归因，即把成绩取得归因于"外部环境"。成绩不理想往往怨天尤人，寻找种种外界的理由推诿责任，或在取得成绩时，也归因于"运气好"或"聪明"，一旦受挫马上又垂头丧气。

显然，不同的归因模式直接影响学生的成长与学业发展空间。因此，课堂上，教师的评价一定要有助于引导学生形成正确的归因心理。教师可以在以下两方面着力。

一是不要一味地赞赏学生的智力，如"你真聪明""你在这方面很有天赋"等，长此以往，会导致学生在学习成绩不理想时，便觉得自己很笨，从而丧失自信。

二是要更多地赞赏学生付出的劳动，赞赏他们良好的学习方式，如"你肯动脑筋""你读书真仔细"。这样的评价能引导学生在受挫时归因于自己未尽全力，从而尝试以加倍的努力去战胜困难。这有利于培养学生顽强的意志和勇于接受挑战的进取心。

评价要开放，形成多元局面

大部分教师习惯于在课堂上主宰评价权。乍看起来，这样的课堂"可控性"更强，效率更高。其实不然，"一言堂"的评价方式，往往会使课堂变得呆板，缺乏灵气，学生并不喜欢。采取开放、多元的评价方式，更有助于课堂良好生态的形成。

一是学生自我评价。课后让学生反思自己的课堂表现，对学生来说是自我总结的过程。教师可以让学生设计一个简单的自我评价表，对自己的学习过程进行可视化评价，明确自己的优势与不足，从而找到改进的方向。

序号	评价项目	很好	好	一般	较差
1	我能认真进行课前预习，作好上课前的准备				

序号	评价项目	很好	好	一般	较差
2	我能认真听老师讲课，听同学发言				
3	遇到我会回答的问题都积极举手了				
4	我发言时声音很洪亮				
5	我能积极参加小组讨论，能与他人合作				
6	善于思考，并能有条理地表达自己的想法				
7	我能在遇到问题时向别人请教				
8	我能经常得到老师的表扬、同学的赞赏				
9	在课堂中的练习环节我很投入				
10	我能基本判断一节课自己的收获是否达到了预期的目标				

二是学生相互评价。同伴评价必不可少。其价值在于：发现优缺点，促进自我反省；相互学习，增进友谊，共同进步；养成倾听他人发言的习惯；形成虚心接受别人意见的态度。

三是学生评价教师。教师范读课文或阐述一个问题后，可以问学生："你觉得老师读得怎样？""你认为老师这样的理解正确吗？为什么？"这看似是让学生评价教师，实则是通过这样的评价，发现学生的理解深度，从而找到教学突破点，实现教与学的同步提高。

四是学会无声评价。给学生一个微笑、一个拥抱、一个竖起大拇指的赞许，或者拍拍肩膀的激励、握握手的感激，都是评价。

五是实施分层评价。分层教学、分层评价可以满足不同学生的需要，让每一个学生都能体验到成功的快乐，以此激发学生学习的积极性。

评价要辩证，恰当运用评价艺术

第一，既要重视结果，也要重视过程。关注学习结果、关注训练的正误固然重要，但关注学生在课堂上的学习过程、学习行为也同样重要。对待学生的学习，我们不应只看他有没有掌握知识和技能，也要看他在这个学习过程中所付出的努力、学习的态度、所用的方法、持之以恒的耐心，甚至是永不言败的勇气。看到学生细微处的更多表现，并将它作为评价的"点"，能给予学生更多的自信和激励。

第二，既要重视表扬，也要重视批评。要学会将批评有效融入表扬中，在表扬中警示学生，让学生提高认识，强化自律行为。特别要注意掌握有效表扬的技术，如果只表扬聪明，学生容易陷入固定型思维模式中，他会把以后的每一项任务看成证明自己聪明的测试，因为害怕被证明不聪明，会尽量选择简单的任务。表扬努力，才能在学生心中种下成长型思维模式的种子。他会把每一项任务都当作成长的机会，更愿意花时间钻研难题，主动选择困难的任务。

第三，既要重视及时评价，也要重视延时评价。及时评价，通常能很大程度地激发学生的积极性。但教师权威性的评价，"盖棺定论""一锤定音"，也很容易挫伤学生深入探究的热情，助长学习上的依赖性。对学生正在研讨的问题，教师不要立即给予肯定或否定的评判，而是鼓励学生畅所欲言，让学生去思考、去分析、去论证，这种延时评价更有价值。因此，该及时鼓励的就毫不迟疑，不宜立即评判的就不能过早下结论。

评价要宽容，关注学生发展

一是注重评价双方的沟通、协商。对于学生的学习行为或学习结果，教师要与学生沟通，不采取单方面下结论的方式。教师可以这样问学生："在这个学习过程中，你认为有哪些可取之处？还有什么需要改进的地方？""对老师给予你们组的评价，你们觉得是否合理？""你同意大家的意见吗？为什么？"让学生成为思考、评估、辨识的主角，形成民主、宽松的学习氛围。

二是给学生多次评价的机会。把学生当作"变量"，在形成终结性评价之前，教师可以给予学生指导、帮助，给他们再次调整、修正的机会。比如在学生回答不正确或不完全正确时，可以说："你敢于积极发表意见，这样很好，但思路还需要换一换。""这个问题，你答对了一半，也是一份贡献，另一半再想想，老师相信你一定会想出来的。""我觉得这一句读得不够好，你再试一试。"以这样的方式，可以保证学生不停留在原地，而是看到自己下一步的方向。

三是不让学生带着错误下场。学生回答问题出现了错误，或者上台展示、板演不够准确，不要轻易让学生带着错误坐下或走下讲台，更不要置之不理。教师可以提醒学生："你希望谁来帮助你一下？"让学生选择老师或同学成为自己解决问题的伙伴。直到学生弄懂了、做对了，向给自己提供支持的人表达感谢，这个学习活动才算告一段落。这样的学习让学生没有了羞耻的心理，又能养成适度借助他人力量学习的习惯，一举两得。

四是把评价导向学习习惯或学习方法。好的评价，绝非简单地停留在知识点的层面，而是导向学生学习力的提升。"我发现她读书的时候做到了'不动笔墨不读书'，这是特别好的学习习惯。""你习惯于在听别人发言时记录一下要点，这个做法太棒了。""他发言的时候抬头挺胸，给我们树立了榜样。"关注学生的学习习惯、学习方法，应该成为课堂评价的常态。在师生议定课堂行为规范的标准之后，教师要时刻关注课堂上出现的反馈信息，将其纳入评价范畴。这将有助于学生学习品质的形成，从而获得更长远的发展。

◎ 逾越误区

评价不"够"带来的成长障碍

课堂中，没有评价往往比否定性评价伤害更大。

当学生投入某个学习活动，有了自己的思考或学习成果，他们往往会表现出对外表达、寻求认可的心理状态。这一点，无论是在个人学习还是在小组学习中，都是如此。但学生的这种需求常常得不到满足。比如，学生回答问题，与教师预设的标准答案不符时，教师或出于课堂时间的考虑，或出于对学生自身学习情况的不满，不置可否，甚至让学生尴尬地站在自己的位置上，不理不睬。这样看似不经意的忽视，对学生的积极性往往是巨大的打击：我无足轻重，老师根本看不到我。这种心理往往成为阻碍学生成长的一大因素。

学困生成长中往往遭遇"死循环"：投入学习—遇到困难—发出求救信

号—无回应—无法完成—失去信心—放弃。之所以出现这样的循环过程，关键就在于教师评价的缺失——学生得不到相应的回应和支持，无法建构起"评价—优化"的成长模式，逐步沦为后进生也就不难想象了。

评价过"滥"带来的形式主义

全国优秀班主任郑英讲过一个案例：在一堂课上，某教师鼓掌式表扬用了 15 次，竖大拇指式表扬用了 12 次。课后，她去收集了被表扬者和表扬者的看法，问他们在得到别人表扬和表扬他人时有何感觉。出人意料的是，得到的回复几乎都是"没什么感觉"。也就是说，受到表扬者并没有多少喜悦，送出表扬者内心也没有多少羡慕。

太多的表扬，特别是不够具体、相对空洞的表扬，会导致学生心理浮躁，形成浅尝辄止的态度，往往也会让学生过于自信、过于乐观，把握不住生活和学习的方向，久而久之就不会在乎表扬。所以，适当地运用表扬会使学生如沐春风，不恰当地运用则会成为学生成长过程中的"温柔杀手"。

此外，过多的、清一色的肯定评价会占用师生课堂上很多的宝贵时间，师生的注意力也容易被这种热闹的形式吸引，独立的、有价值的思考在悄然间就被淡化了。这时候，教师的表扬会沦为形式化的做法，缺乏实际的意义。

评价过"急"带来的声音缺失

课堂上，评价过"急"有两种表现：一是教师尚未完全弄懂学生的意思，或误以为学生的回答是错误的，马上武断地否定，极容易挫伤学生的积极性，也不利于营造畅所欲言的教学氛围；二是教师提出问题后，个别学生马上举手回答，并且非常正确，教师马上表扬，结果还有一大批学生没有想好，或者有不同观点，但失去了表达的机会。

教师要学会一些延时评价手段。不是马上抓住学生的错误不放，提出尖锐的批评，而是允许学生犯错误，给予他们改正错误的机会。这样学生就容易对教师产生信任，在安全感的护佑下，静下心来探究问题的本质。对那些思维敏捷、反应迅速的同学，老师可以采取等一等的方式，多给其他同学一点思考时间，或者学生回答后，教师不急于进行对错的判定，而是给更多人发表观点的机会，鼓励学生之间相互评判。这样的做法，更能让我们的课堂充满生机。

评价不"公"带来的后劲不足

课堂评价不"公"主要体现在三个方面：一是评价数量的不均衡。有研究表明，教师为了防止课堂冷场，会将课内 80% 的问题请约占学生总数 20% 的思维灵活者来回答，约有 30% 的学生没有被提问的机会。二是评价态度的不统一。教师对学优生给予更多的微笑、点头、赞许的目光，对学困生或"双差生"则很少给予肯定性的肢体语言，导致其失去自信，形成恶性循环。三是评价内容的不合理。过分关注学习结果，很少关注学生的学习兴趣、认知风格、努力程度、好奇心强弱、合作意识、探索精神，也很少关注学生积极的情感体验，以任务完成为取向的评价方式看似公平，但实质上没有关注学生的个体差异。

为实现公正评价，教师可以采取如下策略：

▪ 肯定学生作为"人"本身存在的价值，热情、鲜明、坦诚、宽容地评价学生。

▪ 不戴着"有色眼镜"去评价学生，关注到每个学生的智力差异和个性特点。

▪ 了解和研究学生，采取因人而异的评价策略。

▪ 设置弹性化的课堂评价标准。

▪ 评价内容多样化，要特别关注学生的智力差异、学习兴趣、学习态度、努力程度、情绪体验等非智力因素。

▪ 师生之间的评价应同时考虑双方的观点，允许学生有不同的意见。

▪ 不要无视坐在后面或角落处的学生。

评价过"呆"带来的效果不佳

评价方式过于呆板、单一：一是以口头评价为主，缺少体态语的有机结合，缺乏灵气，教师投入度不足；二是仅仅停留在教师对学生的单向评价上，生生之间、组群之间的多向立体互动评价明显不足。

教师在课堂中要尊重学生的主体权，发挥他们的评价作用，调动其参与的积极性："你们说说看，他说的精彩吗？""这一组的表现，你觉得怎么样？""你同意吗？""你自己在刚才的小组学习中表现积极吗？""你的看法和他不同吗？""你认为谁的广告词最精彩？为什么？""我的想法和他的不一样……""我不同意他们组的观点……"

评价主体不单单是教师，还有学生。评价关系不仅建立在师生之间，还建立在生生之间、组群之间。这种立体、互动的评价关系不仅能够有效地提高课堂教学即时评价的科学性，还能帮助学生培养思辨能力和形成正确的价值取向。

自我评估

你怎么理解课堂中评价的价值？你是否掌握了有效评价的基本策略？你在评价过程中是否遭遇了一些困惑？请根据自己的实际情况，在"是"或"否"后打钩。

1. 你认为只要采取激励性评价就会有助于学生的成长和进步。（是　否）

2. 你还不能做到及时发现学生回答问题的精彩之处，并呈现给全体学生。（是　否）

3. 你会不经意间忽略学困生的点滴变化。（是　否）

4. 你经常采取"真棒""真聪明"这类过于模糊笼统的评价语言。（是　否）

5. 你习惯性地对学生的发言简单地给出"是""不是""对""不对"的结论。（是　否）

6. 你没有注意到在评价学生的过程中培养学生形成正确归因的习

惯。（是　　否）

7. 你没有要求学生进行过自我评价。（是　　否）

8. 你很少尝试学生互评和组群互评。（是　　否）

9. 你没有在评价过程中采取师生沟通、协商的方式，并给予学生多次评价的机会。（是　　否）

10. 学生回答或板演出现错误后，你常常直接要求学生坐下或返回座位？（是　　否）

【计分方法】

各题答"是"计 1 分，"否"计 0 分。

你的自我评估得分为 _____ 分。

【评估结果】

课堂评价困扰度量表

分值区间	7—10	3—6	0—2
结论	困扰程度极为严重	困扰程度较为严重	困扰程度较小

【自我认定】

我的优势	
我的不足	
我的改进点	

20. 发挥一种魔力：巧用语言引导

提示

读完本篇，你应该能够回答下列问题：
- 怎么理解教师是"吃开口饭"的？
- 教师课堂上的语言引导技巧有哪些？
- 你在课堂语言引导上有哪些优势和不足？

◎ 原理阐述

我们先来看一位教师教学《爱因斯坦与小女孩》时的课堂片段，分析一下教师的做法有何不当：

师：通过刚才的朗读，你读懂了什么？还有什么问题需要问吗？

生：爱因斯坦连衣服都穿不整齐，他怎能算是最伟大的人呢？

师：很好，这个问题我们课后再研究，好吗？下面请带着这样的问题读课文：课文主要写了小女孩与爱因斯坦的几次相遇，它们分别是在什么情况下发生的？（板书：相撞、相遇、相约）

表面看来，教师很好地体现了教学民主，关注到学生读懂了什么、学习中还存在哪些疑惑，但是当学生提出了教师一时也难以解决或者觉得偏离主题不想去探究的问题，就作出看似很"高明"的处理："这个问题我们课后再研究，好吗？"相信很多教师都遇到过这种情况。

当然，由于认知的复杂性，学生随机呈现的表达未必符合教学的整体方向。教师课堂上不能一味地迁就学生，但这并不代表我们可以随意忽略学生灵感的火花，这极易导致学生兴趣丧失乃至思维钝化。"著名的科学家衣服都穿不整齐，他是不是个伟大的人呢？"这是一个多有价值的问题啊！如果教师能够就此抓住，恰当引导，诱发学生读书探究、辩论，学生统领全篇的能力就会得到增强，辩论中必定会呈现无法预见的精彩，同时也能在潜移默化中促成学生正确价值观的形成。

但非常遗憾，由于教师缺乏必要的语言引导，学生思维的火花一闪就被掐灭了。

现代教育理论认为，教育的本质属性是教师的价值引导和学生自主知识建构的辩证统一。新课程标准指出：教师一度成为学生学习活动的组织者、引导者、合作者。在课堂教学中，教师要根据学生思考、讨论与研究问题的发展态势给予准确、及时的评价，因势利导。实现这一引导功能重要的工具，就是教师的课堂语言。

教师是"吃开口饭"的。正如著名教育学家夸美纽斯所说："教师的嘴，就是一个源泉，从那里可以涌出知识的溪流。"一位教师如果课堂教学语言修养不高，就会"茶壶里煮饺子——肚里有货倒不出来"。在课堂教学中，教师通过情趣盎然的表述、鞭辟入里的分析、凝练精当的讲析、恰到好处的点拨，会感染学生的情绪，激扬学生的思维，点燃学生的思想，叩击学生的灵魂，引领学生在知识的海洋里遨游。

一般来说，教师常见的课堂教学语言大致包括六种类型：

■ 导语——或创设情境、设置氛围，或开门见山地提出本课学习重点，或择其精彩之点设计悬念，或介绍课文写作的时代背景。导语可以是叙述式、议论式，也可以是描写式、抒情式。

■ 评点语——课堂上对学生的表现进行评价、点拨和引导的语言。教师要根据课堂情境、学生表现、矛盾点、困惑点，作出准确的评价，并引导学生思维进一步深化和扩展。

■ 过渡语——用于教学环节之间的衔接，发挥起承转合的作用。如果需要过渡而没有使用过渡语，或过渡得不好，教师就会使教学脱节，互不连贯，影响学生对教学内容的整体感知。

■ 设问语——用于设疑问难，是联系教与学双边关系的纽带，可分为单一问和连环问。教师要精心设计，注意课堂提问的价值，要有一定的思考性。

■ 指令语——教学过程中教师向学生提出具体要求的语句。指令语应该做到指令对象明确、指令要求清晰、指令动作可行，让学生能立即行动，节省时间，提高效率。

■ 结语——课堂教学中的结束语，是教学过程的结尾部分。结语中，教师可以归纳全课的教学要点，设置悬念为下一课作铺垫，布置作业将学习延伸至课外。结语设计得好，可以升华教学效果，起到画龙点睛的作用。

特别强调的是，面对课堂中不断变化的情境，面对学生层出不穷的想法和疑问，教师要能通过自己机智的评点语言，巧妙利用，因势利导，促成学生学业水平的提升。这是教师非常重要的专业素养。正如苏联教育家马卡连柯所说："只有在学会用十五种至二十种声调来说'到这里来！'的时候，只有学会在脸色、姿态和声音的运用上能够作出二十种风格韵调的时候，我就变成一个真正有本领的人了。"这充分说明，教师学习和运用好语言引导技巧，对课堂教学取得成功至关重要。

但在真实的课堂上，教师常常囿于自身意识、敏感度、能力等方面的欠缺，抓不住稍纵即逝的学生思维的关键点，从而使教学无法深入，停留在肤浅的层面。

因此，学习和掌握语言引导的一些技能技巧，是教师的必修功课。引导学生学习发生的关键点，通常出现在以下时刻：

■ 出现疑惑时——当学生遇到困惑点时，教师要抓住有利契机，利用学生思维的"最近发展区"，切准要害，精要点拨，给予学生豁然开朗、"柳暗花明"的感觉。

■ 寻找规律时——当教学内容适合有效归类，形成方法和规律时，教师就要适时引导，帮助学生将一个个特殊问题上升到一般问题的高度，助推学生举一反三，形成迁移能力。

■ 知识梳理时——当学习内容相对零散，不利于记忆、理解、巩固时，教师要引导学生进行梳理、总结，在大脑中形成"知识树"，既明确知识的主干和枝叶，又明确知识与知识之间的内在联系，以此促进学生知识体系的构建。

■ 问题走偏时——当学生思考出现偏差的时候，教师要给予规范性的引导，让学生准确把握问题的实质，特别是在表达方法与思路方面给予正确的指导。

■ 思路混乱时——当学生参与讨论过于热烈而出现思路"混乱"时，教师要给予条理性、点拨性引导，促使学生将零碎的知识集成点、连成线、组成面、构成体，以形成对知识的整体认识。

优秀的教师总是能够根据课堂态势及学生的实际需要，顺应教学发展的线索，不露痕迹地加以引导，使学生在不知不觉中对问题的思考更加深入，理解更加到位。在这一过程中，学生得到了自然的成长，却以为是自己想出来的。这是教师课堂引导的最高境界。

◎ 技术精解

第一项技术：追问

"追问"在《辞海》中的定义是："追根究底地问；追查。"《教学方法与艺术全书》是这样给"追问"下定义的："追问，是对某一内容或某一问题，为了使学生弄懂弄通，往往在一问之后又再次提问，穷追不舍，直到学生能正确解答为止。"因此，"追问"是一种提问技巧，是课堂上教师结合教学内容的"二次提问"，是在前次提问基础上的延伸和拓展。它是课堂教学中对话策略的组成部分。

佐藤学在《静悄悄的革命》中写道：多数教师只注意自己教学的进度，并没去想准确地接住每个学生的发言，未能与那些倾心投球的学生的想法产生共振。还有更严重的是，有的教师自己没接住球还不让学生替他捡。长此以往，那些投不好球、投偏球的学生就会变得讨厌投球。这说明，真正的追问是建立在认真倾听学生回答的基础之上的。

追问通常具有以下教学价值：

■ 作为前次提问的补充和深化，可以激起学生的思维活动，实现学生思维的深刻性。

■ 着眼于学生思维过程的还原和外化，有利于教师关注学生的学习过程和方法。

■ 使学生产生探究学习的动力，是引导学生进一步探索的钥匙。

■ 为学生提供信息输出与反馈的桥梁，帮助学生找到思维的方向，是沟通师生思想认识和情感共鸣的纽带。

在实际教学中，教师普遍缺乏追问的意识，往往对学生的回答不追因、不追根，只是让其他同学继续回答这个问题，并通过告诉、讲授等方式把解答思路甚至答案呈现给学生。这样的课堂难以调动学生思维的积极性，容易造成学生思维的惰性。很多时候，教师看似完成了教学任务，但效果较差，不利于师生共同发展。

课堂教学中的追问具有很大的不确定性和灵活性，很难预设，这就对教师的教学水平提出了更高的要求。教师要具有较广的知识面和丰厚的知识底蕴，能够根据学生的实际情况在课堂上随机应变，找准时机发问。我们看语文特级教师王君的一个授课片段：

生：父亲对我很关心，分别的时候，他嘱托我路上要小心……

师：孩子，你用错了一个词语。不是"嘱托"，是……（生看书）

生：哦，是"嘱"。

师：这两个词语看起来差不多，可是情味儿却大大的不同。"嘱托"

是对……

生：茶房。

师："嘱"是对……

生：我。

师："嘱托"是叮嘱加上……

生：托付。

师：对，托付，把孩子拜托给别人。所以，临别时，对茶房是既"嘱"又"托"。在第三自然段，对茶房是什么呢？（生看书，寻找。）

生：再三嘱咐。

师：那个时候还不是分别的时刻，所以用"嘱咐"，还没有"托"。但这个词语前加上了"再三"，你看出了什么？

生：父亲对茶房说了一遍又一遍，还是不放心。

师：对。这一遍又一遍就是爱啊！临别时刻，对我，则是"嘱"了。"嘱"和"嘱咐"有何不同？

生："嘱"感觉更亲切。

师：想象一下，父亲叮嘱我的内容……

生：很多，很细致。

师：父亲叮嘱我的神情……

生：很温和，很有耐心。

生：也很急切，怕说不完。

师：父亲叮嘱我的距离……

生：他和我隔得很近，不厌其烦，絮絮叨叨。

师：孩子们，有人说，在这个世界上，只有父母对子女，才会有真正的"嘱"啊。明白了吗？孩子，不能把"嘱"读为"嘱托"。

王君老师巧妙地抓住了学生回答中一个模糊的点，围绕"嘱""嘱咐""嘱托"几个词语微小的差异，不断追问，使人物形象逐步"立"了起来，获得了非常好的教学效果。

作为教师，我们要善于抓住追问的时机和场合。状态低迷，思维肤浅，莫衷一是，钻牛角尖……当课堂上出现这样的状况时，教师就需要采取追问的手段，改变学生课堂学习的状态。一般来说，教师可以采用以下方式实现追问的意图：

- 我想知道你为什么会这样说。你能给大家解释一下吗？
- 我想大家还不太清楚你的意思，该怎样理解你的观点呢？
- 你对这件事是如何认识的？
- 你想一想，我们曾经学过类似的知识吗？
- 再往深处想想看，这个问题说明了什么？
- 它和我们平常所接触到的有何不同？为什么会有这样的不同？
- 你觉得他们两个人的观点有何异同呢？

第二项技术：佯误

佯误，即教师在课堂上故意对某些知识假装不知道或者故意出现失误，从而调动学生学习积极性的引导策略。

佯误充分利用了学生喜欢捕捉老师犯错误这一特殊心理，目的就是增加与学生之间的互动。它不仅适用于所有年级，而且适用于所有学科。

我们来看两个案例：

"昨天，我们一起阅读了《没有牙齿的大老虎》的故事，我们还认识了大老虎的'大'字和小狐狸的'小'字，现在陈老师就把这两个字写在黑板上，看看小朋友们有没有和这两个字宝宝成为好朋友。我先来写个大老虎的'大'字。"说完，我故意写了个"小"字。刚写完，孩子们便齐刷刷地说："老师错了，你写的是小，不是大。""哎呀，陈老师糊涂了，怎么写成'小'了呀，小朋友真能干，都认识了这是'小'，老师为你们点赞，那接下来老师把'大'写出来。"我又故意写了个"太"字。"不对，这不是大，多了一个点。""这是太阳的'太'。""老师，你怎么又错了？"……听着孩子们七嘴八舌的议论，我故意说："还真是呢，陈老师又写错了，下次陈老师一定注意，谢谢你们告诉老师。"听我说完，孩子们笑得更开心了。

某教师在执教《秋天的怀念》时，在读"她常常肝疼得整宿整宿翻来覆去地睡不了觉"时，故意把"睡不了觉"读成"睡不着觉"。一学生举手说："老师，您读错了。"教师趁机问学生"睡不了觉"和"睡不着觉"有什么不同。学生一说："都是说无法入睡。"学生二说："两者不一样，有人身体好好的，也'睡不着觉'，而'睡不了觉'是说妈妈病得非常严重，疼得她不能入睡。"学生三说："妈妈的病非常重，剧烈的疼痛让她整宿地睡不了，自己身患重病却仍小心翼翼地关心安慰儿子，多么坚强、多么无私、多么伟大的母亲啊！"学生通过对比，提升了自己的情感，真切体悟到母爱的伟大。

从上述案例可以看出，优秀的教师往往善于"示弱"和"装傻充愣"。佯误背后，折射的是老师以学生为中心的教学理念，有助于师生成为平等的学伴，将思考的主动权交给学生，激发他们探究的兴趣，让学生更有自信。同时，用实际行动告诉学生，教师并不是持有真理的上帝。

不难看出，很多情况下，教师"傻"了，结果学生变"聪明"了——哪怕学生知道老师是故意的，却还是愿意和老师一起这样互动，在纠错中享受成功的喜悦，营造和谐、有趣的课堂氛围。

运用佯误策略，教师要熟练掌握以下引导语：

- 这段话老师总是读不好，你们能帮帮我吗？

- 他这个观点我好像没太听懂啊，谁能帮他解释一下？

- 不对啊，我怎么觉得他跟我的说法不一样啊？到底是他错了，还是我错了？

- 你提的问题老师也不知道怎么回答，下课后我们查查资料再一起讨论，好吗？

- 这节课的知识有点多，我想画个思维导图，却没有好的思路，谁能到黑板上作个示范？

第三项技术：评判

当学生的学习行为发生后，教师要进行相应的评价，并以此为起点，引导学生不断深化和扩展。需要注意的是，部分教师特别喜欢重复学生的话并将其作为评判语言。这样的评判方式因为缺乏"营养"常常会让学生索然无味。

我们看一个案例：当学生已经学习了轴对称图形的概念后，教师出示了一组图形让学生判断它们是不是轴对称图形。其中有一个是一般的平行四边形，对此，师生进行了下面一段对话：

生：我认为平行四边形是轴对称图形，因为平行四边形分成两个部分，就可以完全重合了。

师：其他同学如何认为呢？

生：不是，因为平行四边形沿着对称轴不可能重合。

师：我想和你握一握手！握手并不是因为我赞同你的意见，而是因为你给我们的课堂带来了第二种声音。大家想一想，如果我们的课堂只有一种声音，那是多么单调啊！

生：我们可以动手剪一下这个图形，看看能不能沿着轴线剪成完全相同的两个部分，不能的话，就不是轴对称图形了。

在学生再次进行操作实践后，第一个学生改变了自己的看法，知道了平行四边形不是轴对称图形。

师：你的退让让我们更接近真理！

非常可贵的是，这位教师没有急于给出标准答案，而是重视学生的自我评价。在第一个学生回答之后，教师通过征求其他学生的意见引入学生评价；对于第二个学生提出的不同意见，教师加以肯定；随后将问题抛给学生，鼓励学生给出不同观点和自己的解读。在这一过程后，第一个学生主动调整了自己的观点，实现了从同伴评价到自我评价的积极效果。

有效的课堂评判大致可以采取以下方式进行：

- 评论——教师对学生回答的内容进行点评。

- 追问——教师针对学生的回答展开追问。

- 更正——教师对学生回答中的错误答案进行更正。

- 重复——教师重复学生的重要答案。

- 重述——教师变换不同词语重述学生的答案。

- 比对——教师将不同学生的答案放在一起，辨析优劣。

- 归纳——教师将学生的答案进行梳理，使之条理化。

- 提炼——教师基于学生纷乱的回答提炼出要点。

- 查验——教师查验其他同学是否理解或赞同该回答。

- 延伸——教师根据学生的答案，联系其他内容，引导学生回答另一问题。

- 扩展——教师根据学生的答案，引入新的学习内容，让学生的思考逐步深入。

◎ 逾越误区

缺乏提问之后的等待时间

"等待时间"是指教师在课堂提问过程中的停顿时间，这一概念是由美国心理学家罗伊在20世纪70年代提出来的。罗伊区分了两种不同的等待时间："第一等待时间"是指教师提出一个问题之后和叫学生回答问题之前的间隔时间；"第二等待时间"是指学生回答问题之后和教师对学生的回答作出评论之前的间隔时间。一方面，"第一等待时间"给学生提供了一定的从记忆中搜索信息并进行整理或逻辑性思维的时间，以便能够描述自己对于问题的观点；另一方面，"第二等待时间"意味着学生在给出答案之后，教师不是立即给予评论或者反馈，而是适当有所停顿，给学生留有一定的时间对自己的答案进行重新考虑、扩展或者修正，进而使学生完整地作出回答。相关研究表明，绝大部分教师在提问之后给予学生的两类等待时间都不足3

秒，其中"第一等待时间"约为1秒或少于1秒，"第二等待时间"约为0.9秒。假若教师在提问之后能把两种等待时间分别延长至3秒或3秒以上，学生的逻辑思维、教师对学生的态度和期待都会发生显著的积极变化。我们不妨称之为"黄金等待时间"。这应该成为教师必须掌握的教学技术。

追问难度不符合学生实际

教师对学生的能力水平了解不足，追问缺乏精心设计，难度太大，以至于学生回答不出，僵在那里耽误时间。这既影响教学进程，也破坏课堂节奏，导致课堂上出现冷场的现象。

问题缺乏思考的价值

要么问题过于直白、浅显，就如一碗清水，无滋无味，没有任何思考的空间和余地，学生只需回答"是"或"不是"、"好"或"不好"就行，极大地抑制了学生的思维。要么问题设计得过难、过偏或过于笼统，学生无所适从、无处下手，深陷"恐慌区"，严重打击了学生学习的积极性。

教师过多重复学生的答案

教师把课堂评判过多地停留在习惯性地重复问题和学生对问题的回答上。这种做法很容易导致课堂上大量有意义时间的丢失，降低课堂教学效率。但这并不是说，在任何情况下，教师都不能重复问题和重复学生的回答。如在一个很大的、没有扩音设备或扩音设备不好的教室，或是问题本身较为复杂，学生较难理解，或是学生的回答极其重要，极具典型价值，教师就有必要重复问题或学生的答案。但在大多数情况下，教师要避免这种无意义的重复。

忽略教师主导作用的发挥

强调学生主体，让很多教师的鼓励和表扬出现泛滥的倾向，教师无节制地放纵学生的"你的理解""你的理由""你的生活体验""你的看法"……

教师在课堂上的常用语往往是"同学们的想法都很独特""不要紧，你想说什么就说什么""没关系，只要把你的看法说出来就行了"……教师以"尊重学生在学习过程中的独特体验"为理由，对学生的明显错误也不予以纠正，于是课堂上充斥着学生空洞的、漫无目的的意见表达，以至于课堂一片散沙，学生一脸茫然。需要注意的是，承认与确立学生的主体地位并不能否定教师的主导作用。否则，在教师有效话语缺失的状态下，学生的话语往往会流于形式，导致学生对知识的理解陷于空泛困境甚至存在错误。

师生会话结构过于单一和封闭

相当一部分课堂中的师生会话结构，呈现出"教师提问—学生回答—教师反馈"的单一模式。这种会话结构是封闭的，教师在很大程度上控制着课堂，几乎所有会话都由教师发起，学生处于被动回答的状态，由学生自发开启的会话基本为零。学生只能像学习机器一样跟随老师的节奏作出反应，而不是积极地处理信息。这种单一和封闭的会话结构不能给学生创造充分交流的机会，学生参与会话的程度较低，很难真正做到有效的师生互动和生生互动。教师应该积极营造更加民主的课堂氛围，使师生对话处于开放状态，构建更加复杂和灵活的对话结构，比如教师提问—学生回答—学生提问—教师解答—学生反馈等，从而让学生真正成为对话中的"主角"。

过于追求问题数量与频次

有些教师采取了一问到底的策略，课堂上的追问十分密集，连珠炮似的射向学生，将"满堂灌"变成"满堂问"，问题设计过多、过滥、过碎，缺乏将所有问题凝聚在一起的"主问题"或"核心问题"，因此给人凌乱不堪的感觉。一问一答，看似热闹，但问题数量过多，学生忙于应付，根本就无暇思考。有的问题过于简单僵化，不利于对学生进行思维训练，显然丧失了优化学生思维品质的机会。教师要抓住关键知识，运用归纳和综合的方法，善于设计容量大、定位准的问题，以提高学生思维的密度与效度，达到锻炼学生思维的目的。

自我评估

你如何看待课堂教师语言引导的价值？你是否较好地掌握了追问、佯误、评判等语言引导的基本技术？请根据自己的实际情况，在"是"或"否"后打钩。

1. 你在课堂上明知学生理解有问题而存在简单应付或迁就的情况。（是　否）

2. 你遇到过在某些教学情境下自己不知道如何进行深一步引导的尴尬。（是　否）

3. 你备课的时候很少认真思考关键性的导语、过渡语、总结语等如何精准表达。（是　否）

4. 你不太注意引导学生把看似孤立的答案归类，形成规律性的认知。（是　否）

5. 你还不太习惯围绕一个主问题根据学生回答的情况"穷追不舍"地追问。（是　否）

6. 你比较注重学生答案的正误而较少要求学生用语言完整地还原和外化思考过程。（是　否）

7. 你在课堂上较少采用"示弱"的方式激发学生表达的积极性。（是　否）

8. 你在课堂上很少将学生的答案放在一起进行评判。（是　否）

9. 你在提问之后马上就要求学生回答，而没有留出"3~5秒"的黄金等待时间。（是　否）

10. 你习惯于重复学生的回答。（是　否）

【计分方法】

各题答"是"计1分，"否"计0分。

你的自我评估得分为 ＿＿＿ 分。

【评估结果】

课堂语言引导困扰度量表

分值区间	7—10	3—6	0—2
结论	困扰程度极为严重	困扰程度较为严重	困扰程度较小

【自我认定】

我的优势	
我的不足	
我的改进点	

后　记

~~~~~~~~~~

近几年，我一直想写一本关于课堂教学的书，真正服务于一线老师。人们常说，课堂是教师职业生命的主阵地，但在我的视野范围内，不少老师并没有从课堂教学中得到应有的价值感：要么做不到在讲台上"扎好马步"，不能赢得学生的认可；要么在课改中"迈不开腿"，处在被淘汰的边缘。结果，教师职业生涯纠结、失败，甚至一地鸡毛。

很多教师在新课改理念的感召下，向传统课堂发起挑战，以"小组合作"与"学生展示"为特征，创生了很多"方法模式"，"课堂充满生命活力"，"最大限度解放了学生"，一切风生水起，好像步入了繁花似锦的春天。

但事实真的如此吗？很多课堂看似还给了学生，却没有解决学生学习不投入的问题，教室里仍有太多的"旁观者"；很多课堂热闹非凡，一派繁荣，但浮于表面，缺乏思维层面的深度发掘；要学的内容完全由教师说了算，要干的事也由教师把控，教师单向预设，强势操纵，根本没有学生的真实学习活动；教师"教的活动"结构完整、形态丰富，学生"学的活动"则零散、机械、单调，很难见到结构化、系统化的设计。

于是，"虚假学习"现象仍旧普遍存在。不少课堂要么是无效学习，要么是机械学习，鲜有有意义的学习发生，知识只能应对考试，而无法成为解决问题的支撑和保障。教师陷入了怪圈：一方面高举着"学生为本"的先进理念，另一方面在"高耗低效"的泥潭里挣扎。

我们不得不问：从理念到实践，该如何填平这中间存在的巨大鸿沟？

从当老师、做教研员，到后来做管理者，再到现在行走于全国各地的中小学校，30 多年来，在成千上万节的课堂上观察、诊断，我得到了问题的答案：之所以出现如此"分裂"的状态，主要在于教师普遍缺乏对学习这门学科本身的研究。无论上了多少年课，很多教师仍然属于没有入门的"教学新手"。

首先，没有建立起"基于良好关系"的课堂。"只见知识不见人"的课堂永远无法真正实现以"学"为中心。教师要创设一种平等的供需关系。在学习的过程中，我需要什么，我能提供什么，什么样的提供和获取方式才能满足我的需求，要成为供需方关心的问题，基于此构建的课堂才会真正成为师生思想活跃、情感流通、富含生命活力的场所。

其次，没有建立起"基于有效策略"的课堂。教师要了解学生的心理特点和学习需求，科学地设置教学目标、选取教学方式，更好地组织教学活动；要合理地利用教学资源，并将其运用到教学活动当中去；要建立科学的评估和反馈机制，让学生学习的过程和结果"可视化"，并根据学生的学习情况及时调整自己的教学策略。教师基本的教学设计能力和教学操作技术不足，导致其教学理念与教学实践之间无法搭起成功转化的桥梁。

写作这本书的初衷，就在于帮助教师攻克这样的课堂教学"顽疾"。通过掌握一套可操作性强的策略与技术，教师捅破教学的这层"窗户纸"，让混沌的课堂变得澄明，重新认识课堂，重新定义教学，真正成为"教学高手"。

这本书是我多年来日复一日耕耘的结果，是我对课堂现实的思考和心得体会，但我并不主张每个教师原封不动地照搬我的经验，而是想通过这些策略，让更多的人有机会反思自己的教学方式，总结教学得失，不断优化教学策略，更好地为学生服务。

因为我相信，探索不仅是溯既往，更是要寻来者。当你翻开这本书，你和我就已经成为在课堂这方沃土里共同耕耘的人。

让我们一起努力吧!

2024 年 3 月 18 日于江西万载

图书在版编目（CIP）数据

从教学新手到教学高手：课堂教学的 20 个实用策略／王福强著.
—上海：华东师范大学出版社，2024
ISBN 978-7-5760-4905-3

I. ①从 …　II. ①王 …　III. ①课堂教学—教学研究—中小学　IV. ① G632.421

中国国家版本馆 CIP 数据核字（2024）第 076960 号

大夏书系 ┃ 教师专业发展

从教学新手到教学高手： 课堂教学的 20 个实用策略

著　　者	王福强
策划编辑	卢风保
责任编辑	张思扬
责任校对	杨　坤
封面设计	芯　米

出版发行	华东师范大学出版社
社　　址	上海市中山北路 3663 号　邮编 200062
网　　址	www.ecnupress.com.cn
电　　话	021-60821666　行政传真 021-62572105
客服电话	021-62865537
邮购电话	021-62869887
地　　址	上海市中山北路 3663 号华东师范大学校内先锋路口
网　　店	http://hdsdcbs.tmall.com/

印 刷 者	北京季蜂印刷有限公司
开　　本	700×1000　16 开
印　　张	17
字　　数	251 千字
版　　次	2024 年 7 月第一版
印　　次	2024 年 7 月第一次
印　　数	6 100
书　　号	ISBN 978-7-5760-4905-3
定　　价	69.80 元

出 版 人　　王　焰

（如发现本版图书有印订质量问题，请寄回本社市场部调换或电话 021-62865537 联系）